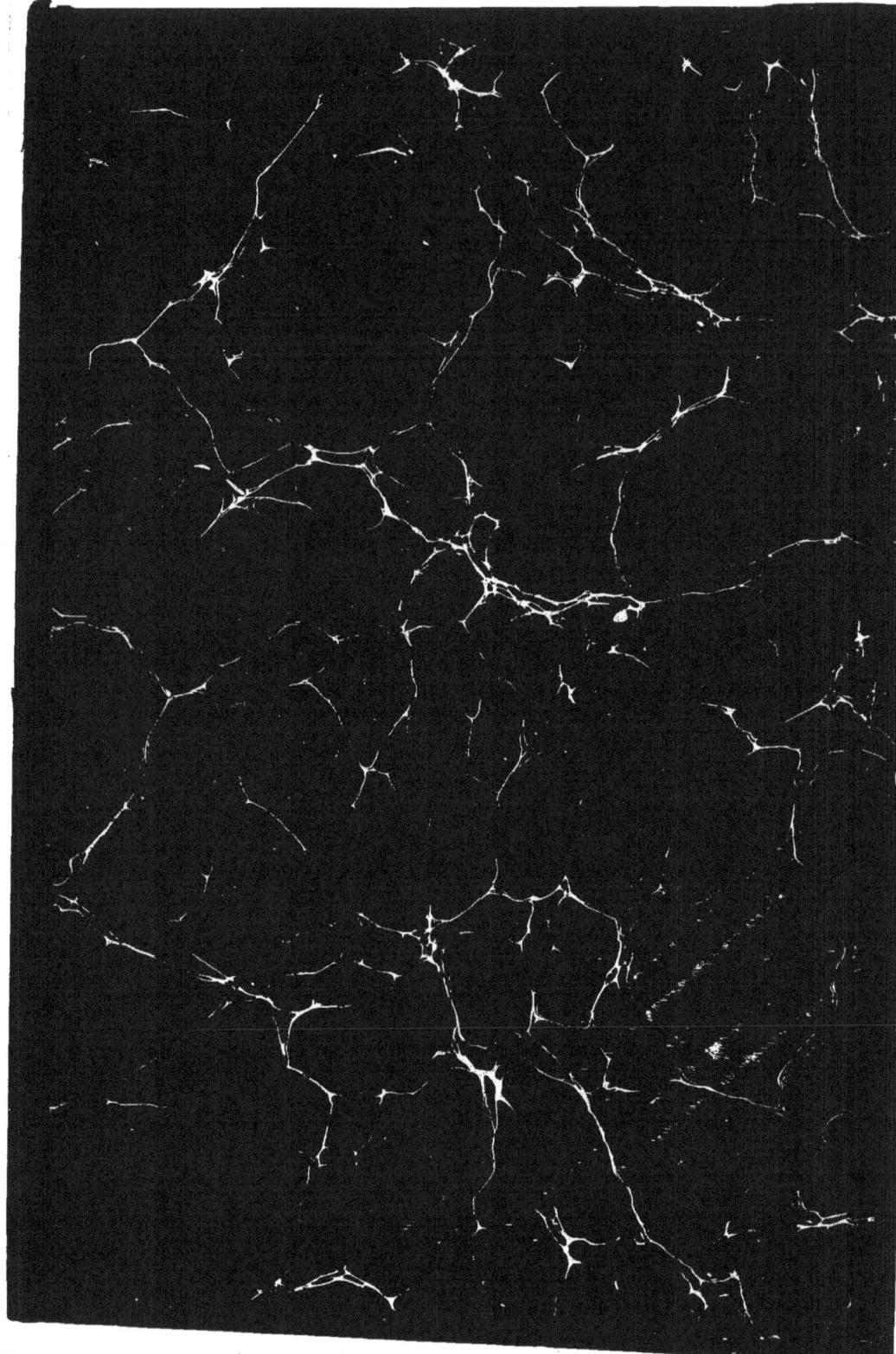

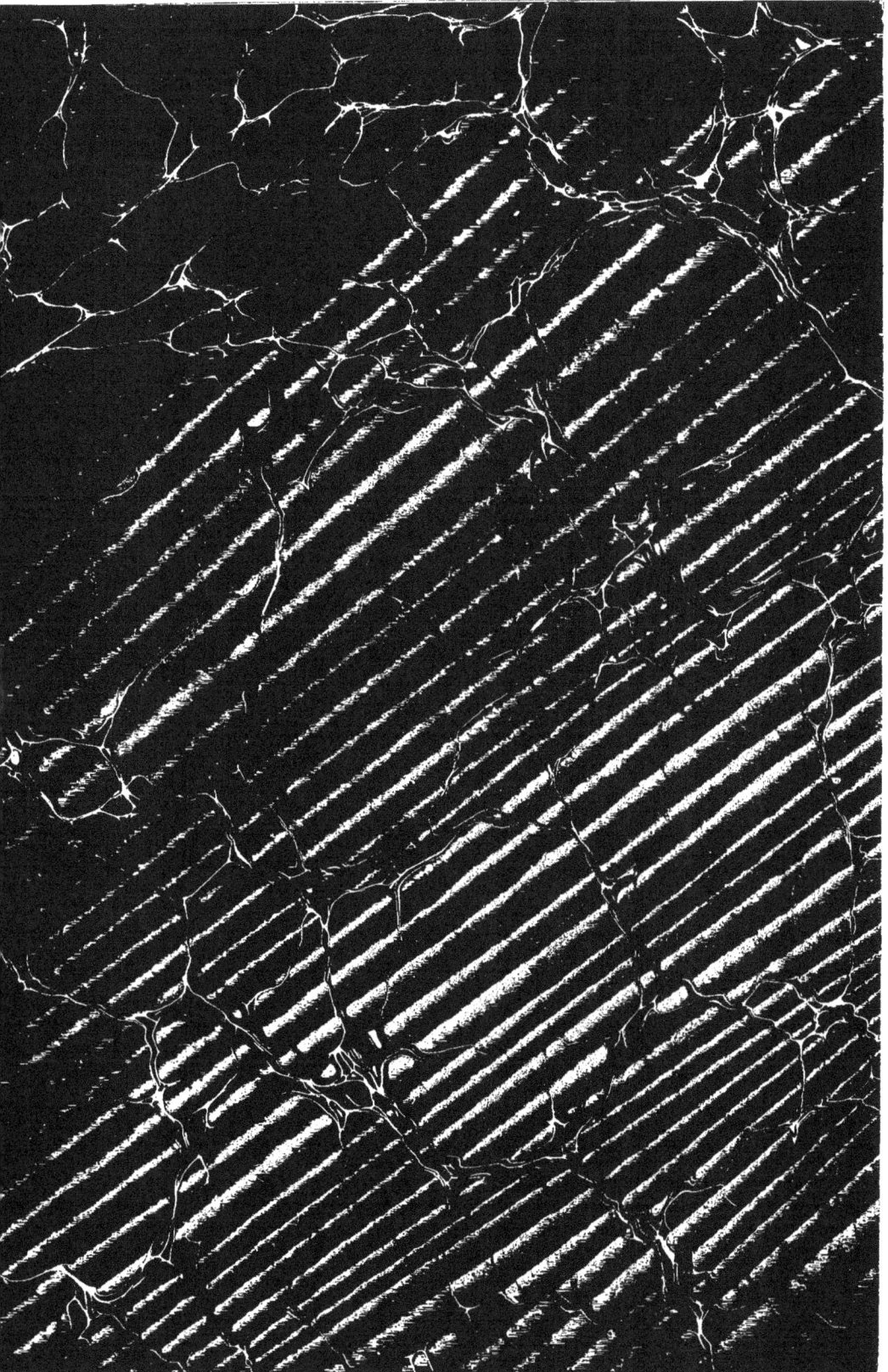

P-316
3.3.6.
©

15624

VIES ET OEUVRES

DES

PEINTRES LES PLUS CELÈBRES.

VIES ET OEUVRES

DES

PEINTRES LES PLUS CÉLÈBRES

DE TOUTES LES ÉCOLES;

RECUEIL CLASSIQUE,

CONTENANT

L'Œuvre complète des Peintres du premier rang, et leurs Portraits; les principales Productions des Artistes de 2e et 3e classes; un Abrégé de la Vie des Peintres Grecs, et un choix des plus belles Peintures antiques;

RÉDUIT ET GRAVÉ AU TRAIT,

D'après les Estampes de la Bibliothèque impériale et des plus riches Collections particulières;

Publié par C. P. LANDON, Peintre, ancien Pensionnaire du Gouvernement à l'Ecole Française des Beaux-Arts à Rome, Membre de plusieurs Sociétés Littéraires, Éditeur des Annales du Musée.

A PARIS,

Chez C. P. LANDON, rue de l'Université, N° 19, vis-à-vis la rue de Beaune.

IMPRIMERIE DE CHAIGNIEAU AÎNÉ.

1811.

SUITE

DE

L'ŒUVRE DE RAPHAËL.

AVIS DE L'ÉDITEUR.

J'ai annoncé dans le prospectus de cet ouvrage que chaque volume serait composé de soixante-douze planches, dont quelques-unes, doubles, seraient comptées pour deux, selon l'usage. Le nombre prescrit se trouve complété dans ce volume, septième de l'Œuvre de Raphaël, par cinquante-sept planches simples, cinq doubles, n°s 351, 354, 356, 364, 410; et une sextuple, n° 350; ce qu'il est facile de vérifier par la dimension des sujets.

Mais afin que les Souscripteurs ne perdent pas de vue ce qui distingue les planches doubles, puisqu'elles sont sans pli; je crois nécessaire de leur rappeler, comme je l'ai fait dans les volumes précédens, que l'ouvrage avait d'abord été annoncé sous un format in-4° ordinaire, où les planches doubles eussent été pliées; mais que depuis, pour éviter cet inconvénient, je me suis décidé à faire paraître ce recueil, sans néanmoins en augmenter le prix, sous un plus grand format, qui permît de placer les planches doubles sans les plier. Ce changement ajoute aux frais de l'édition; mais comme il devait contribuer à l'agrément de l'ouvrage, je n'ai pas hésité à l'adopter.

On pourra remarquer dans l'Œuvre de Raphaël quelques planches dont le travail est moins détaillé, et même de légères incorrections; mais si l'on considère que plusieurs ont été gravées soit d'après de simples croquis de la main de Raphaël, soit d'après de très-anciennes estampes, grossièrement exécutées, et les seules qui existent d'après des originaux qui ont disparu, on conviendra non-seulement que je ne pouvais me permettre d'y faire de trop nombreuses corrections ou additions, mais encore que les planches de ce recueil, gravées d'après de semblables modèles, leur sont infiniment préférables pour la précision des formes et la pureté du trait.

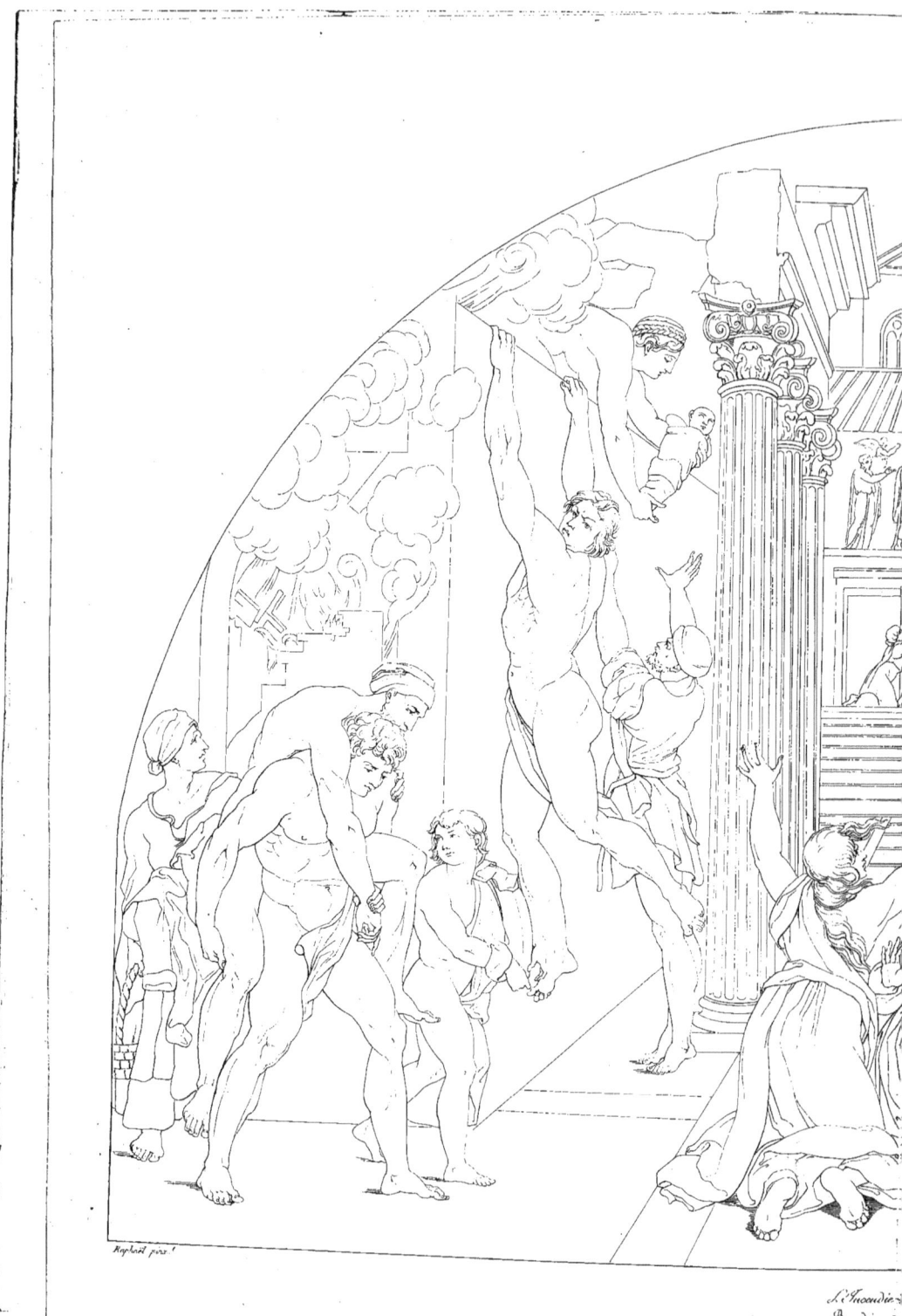

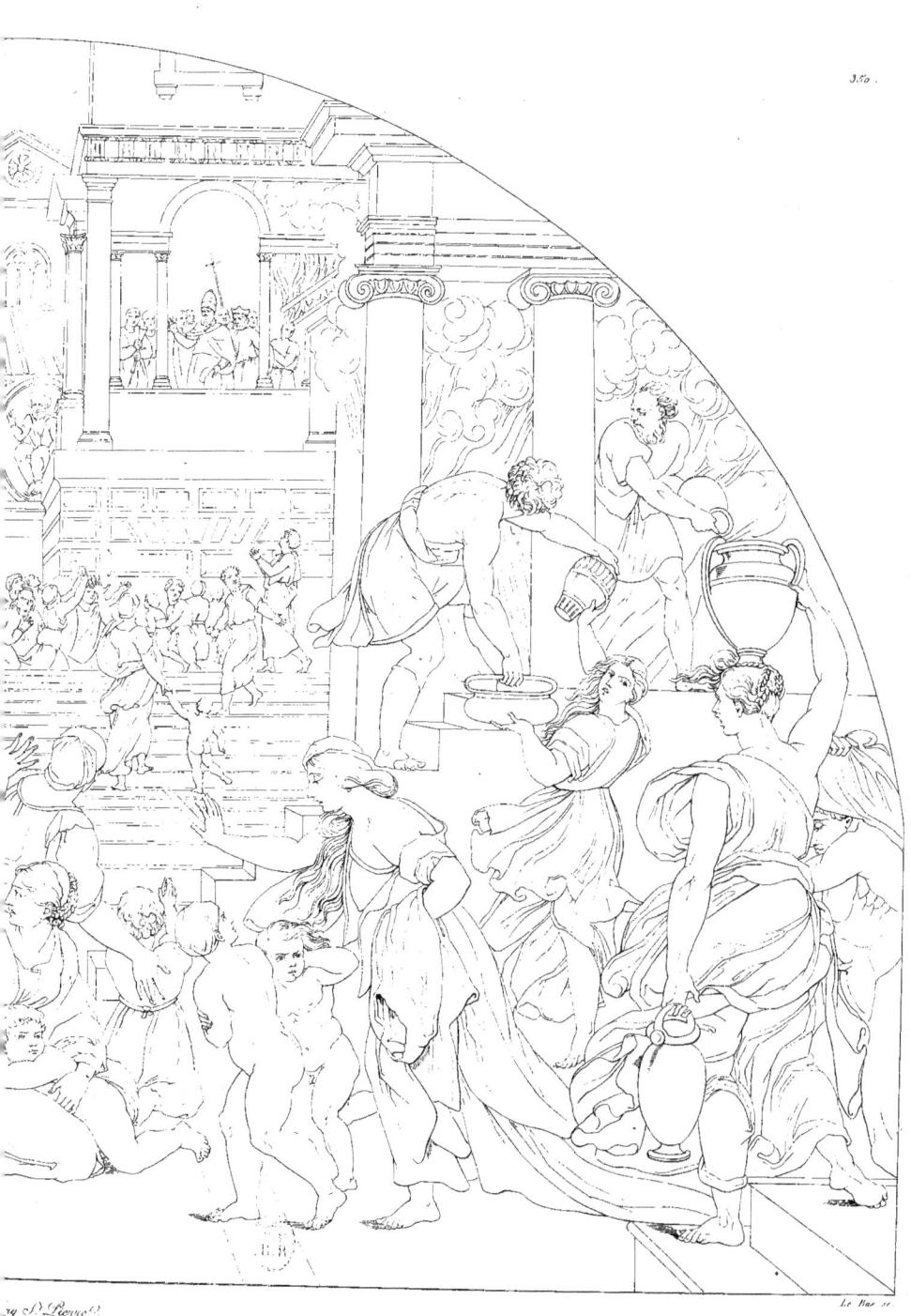

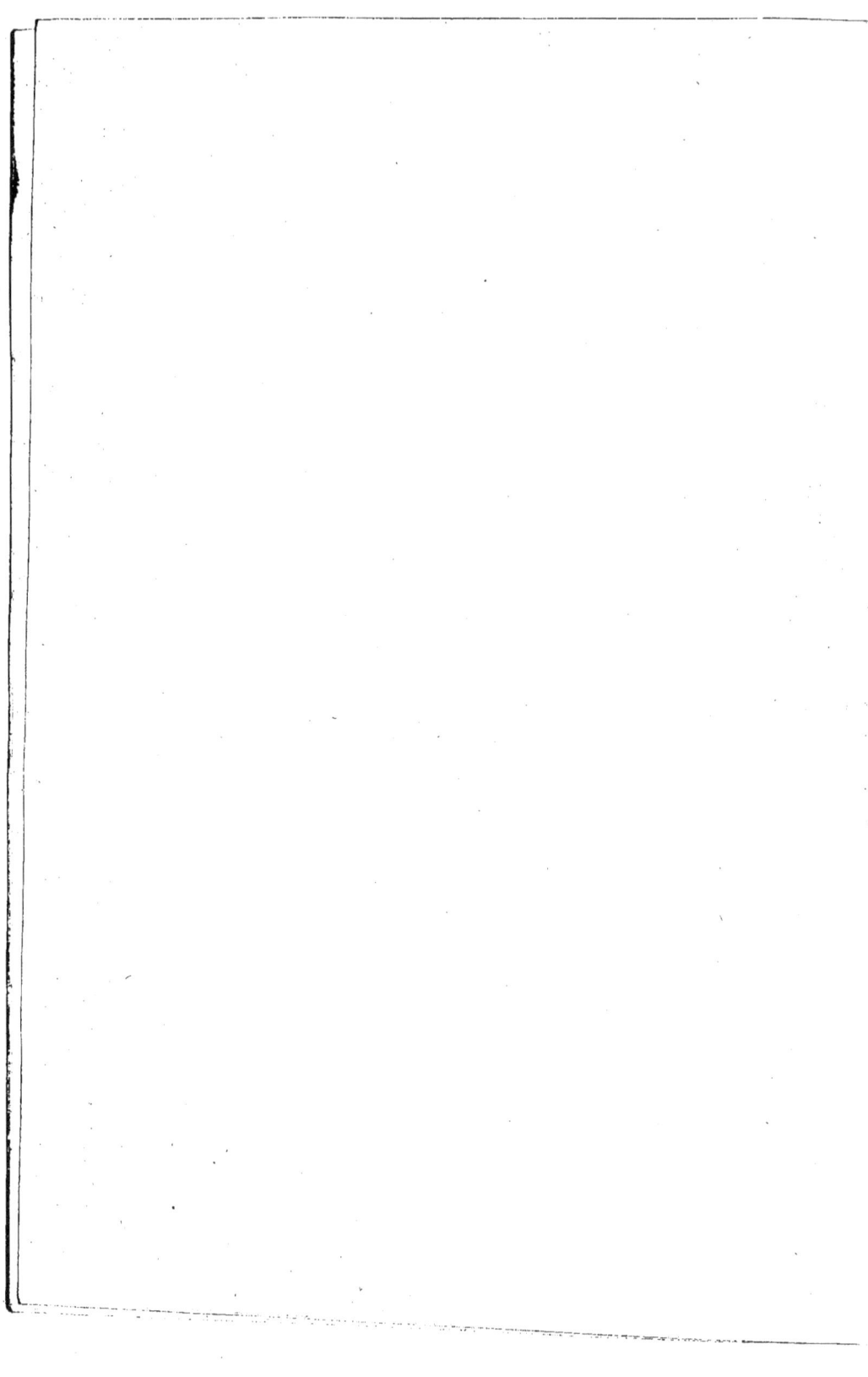

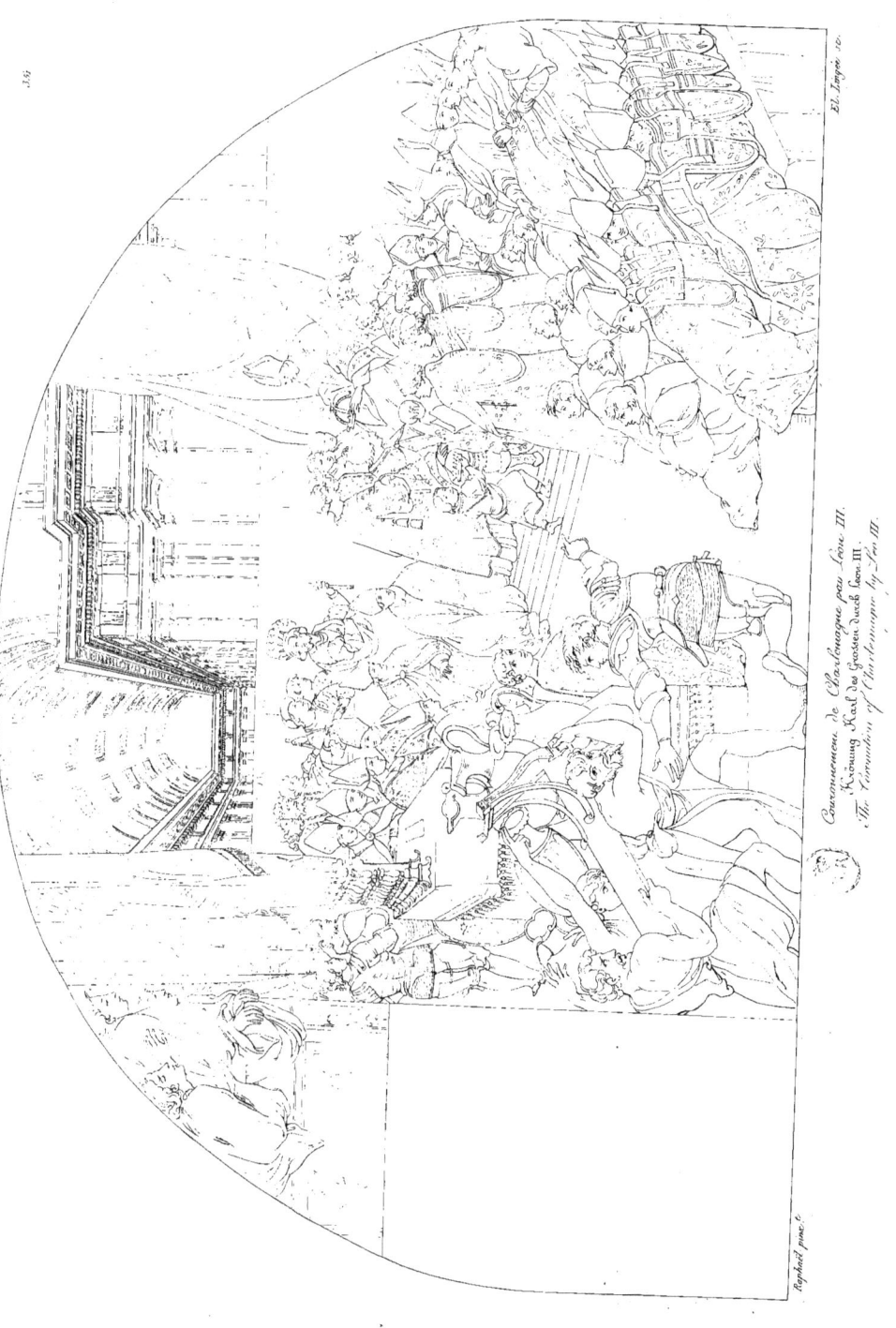

Raphael pinx.t   Eb. Jaspi sc.

Couronnement de Charlemagne par Leon III.
Krönung Karl des Grossen durch Leo III.
The Coronation of Charlemagne by Leo III.

Le Pape Grégoire IX remet les Décrétales à un avocat Consistorial.
Der Papst Gregorius IX übergiebt die Epistolen einem Consistorial Advocaten.
Pope Gregory IX giving the Decretales to a consistorial Advocate.

Raphael pinx.t   M.me Soyer née Landon sc.

L'Empereur Justinien donne le Digeste à Tribonianus.
Der Kayser Justinian giebt dem Tribonian die Pandecten.
The Emperor Justinian giving the Digest to Tribonianus.

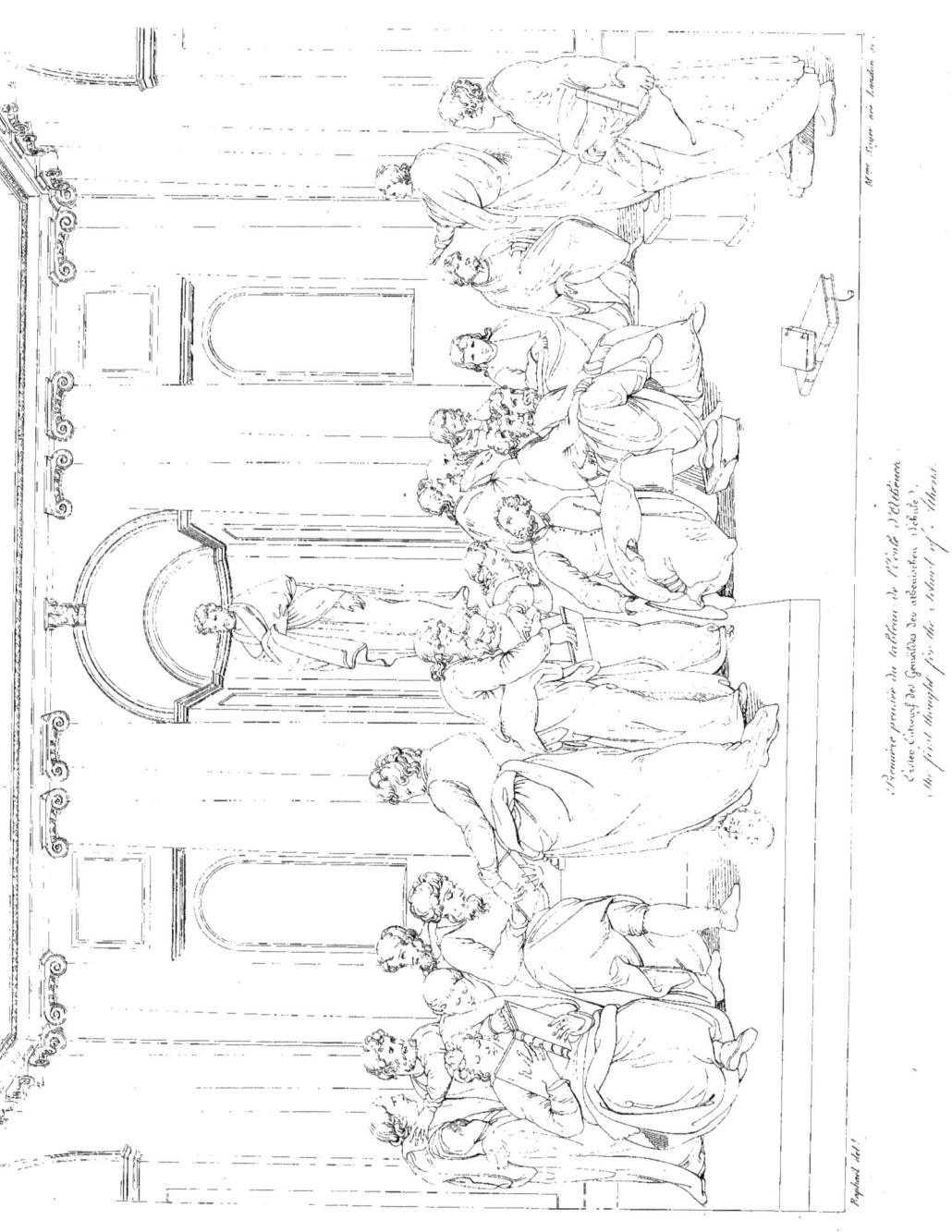

Première pensée du tableau de l'École d'Athènes
(Première Entwurf des Gemäldes der athenischen Schule).
(the first thought for the School of Athens).

Raphaël del.
E. L. Lingée sc.

Première pensée du tableau de l'École d'Athènes.
Erster Entwurf des Gemäldes der athenischen Schule.
The first thought for the School of Athens.

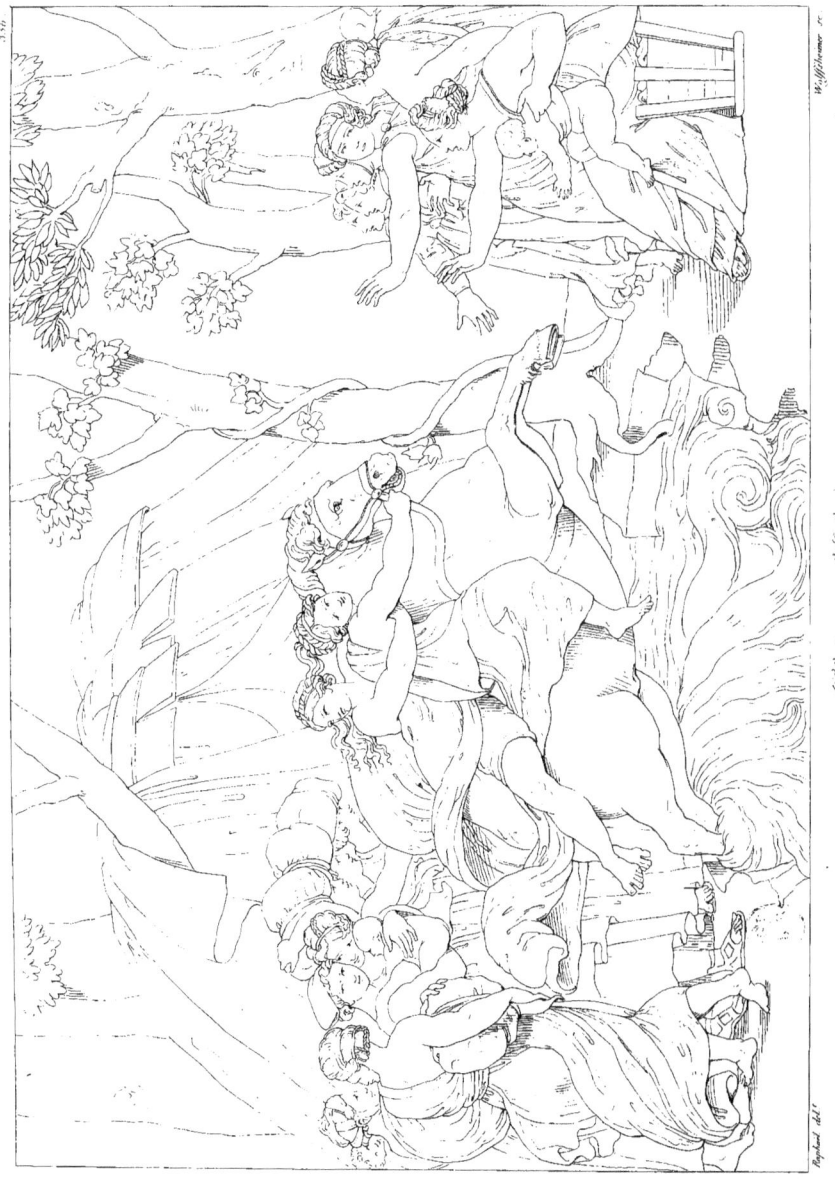

Clélie traversant le Tybre.
Clelia sù ilveo dou Tibere.
Clelia crossing the Tyber.

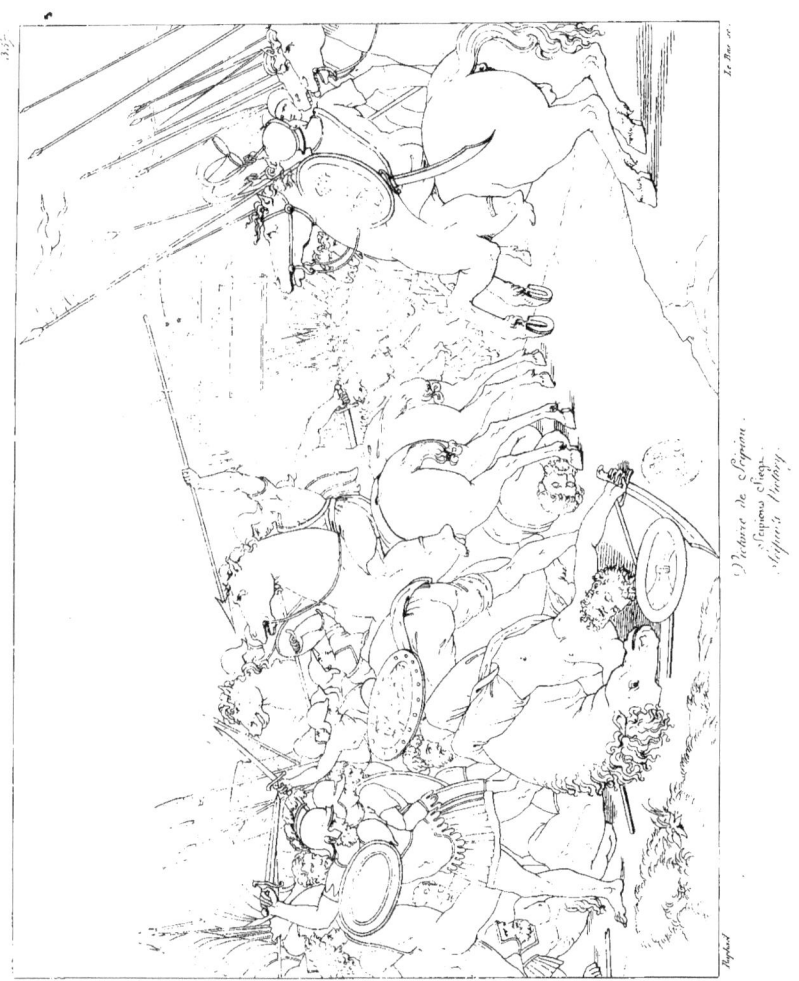

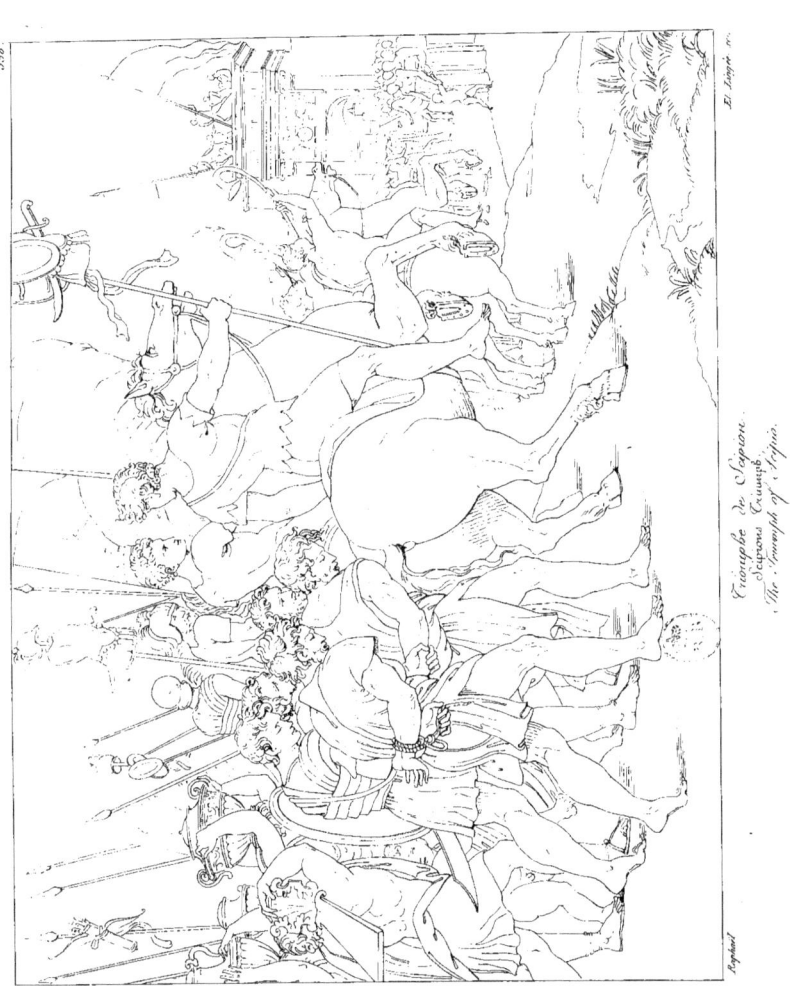

Triomphe de Scipion.
The Triumph of Scipio.

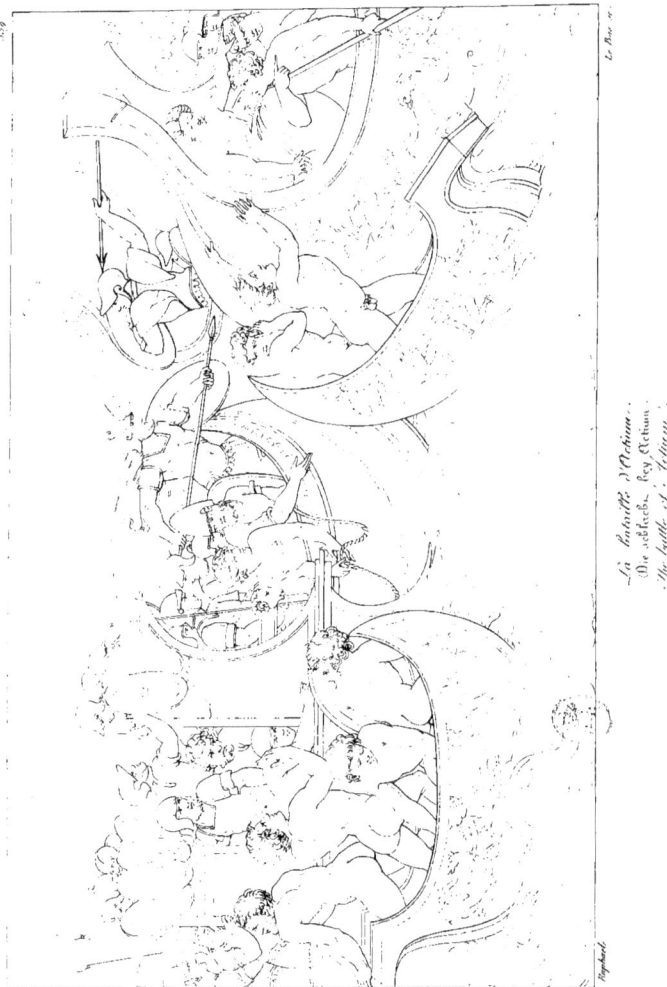

La bataille d'Actium.
Die Schlacht bey Actium.
The battle of Actium.

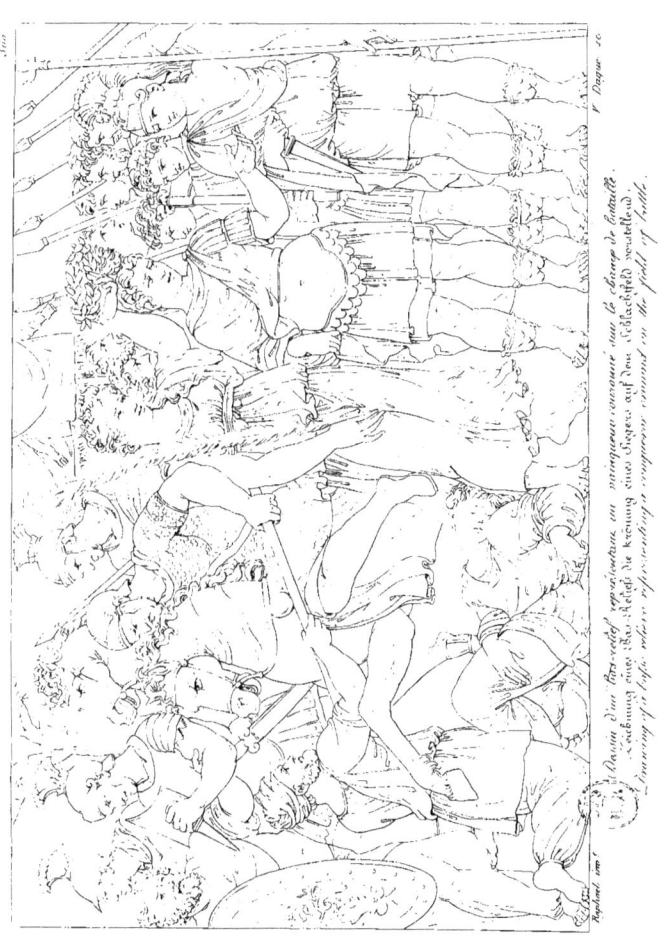

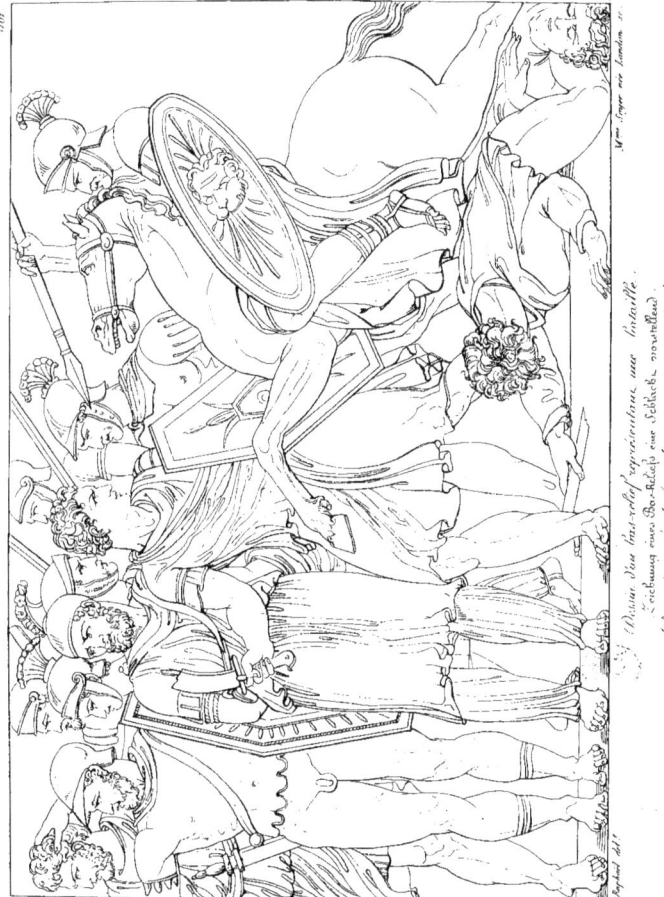

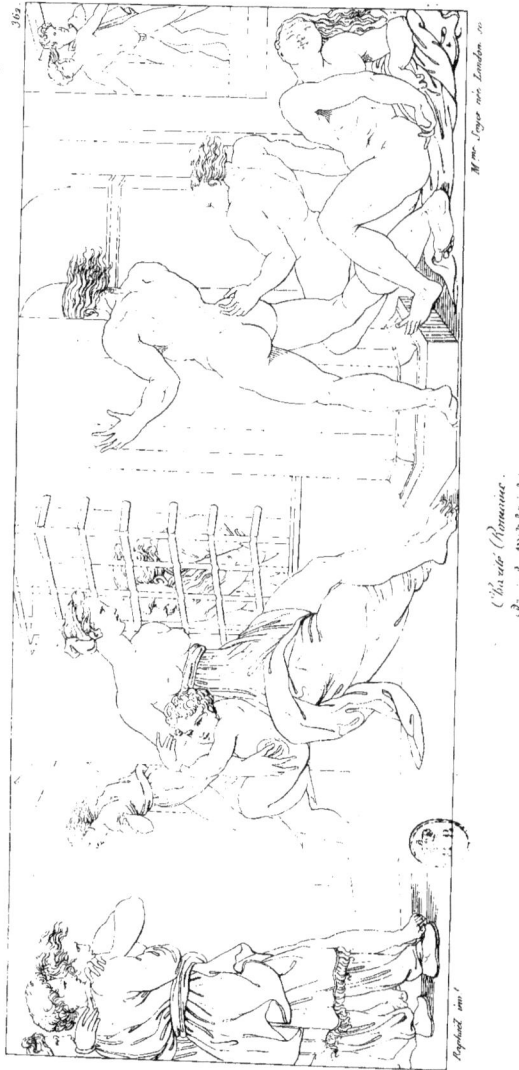

Charité Romaine.
Römische Mildthätigkeit.
Roman Charity.

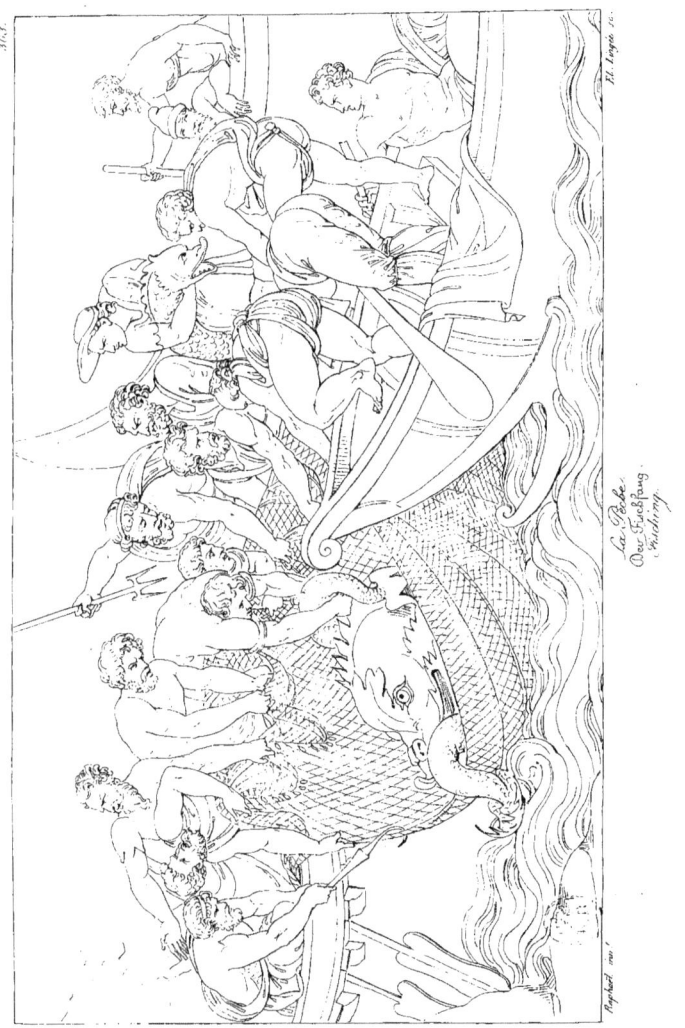

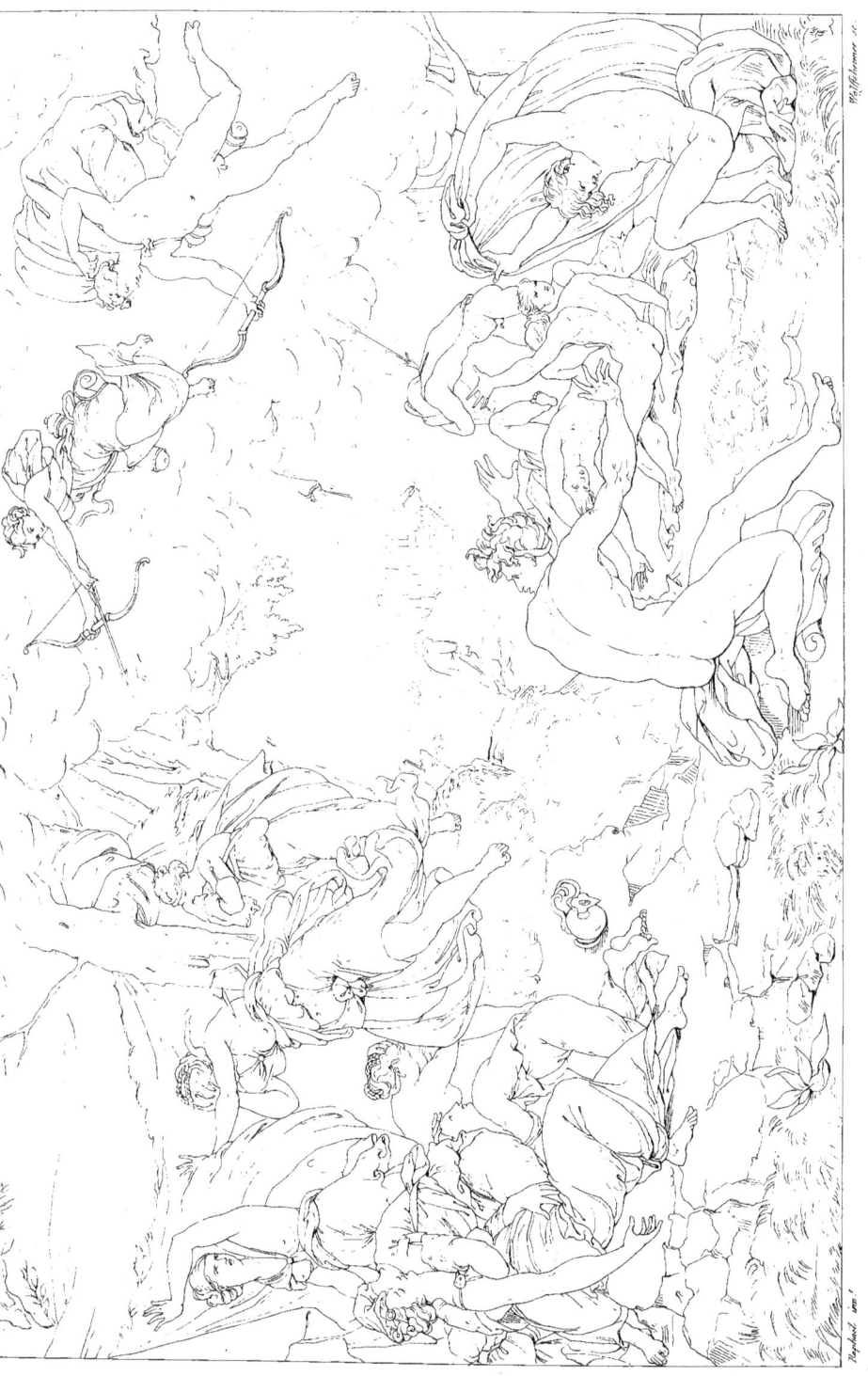

Les filles de Niobé.
Die Töchter der Niobe.
The daughters of Niobe.

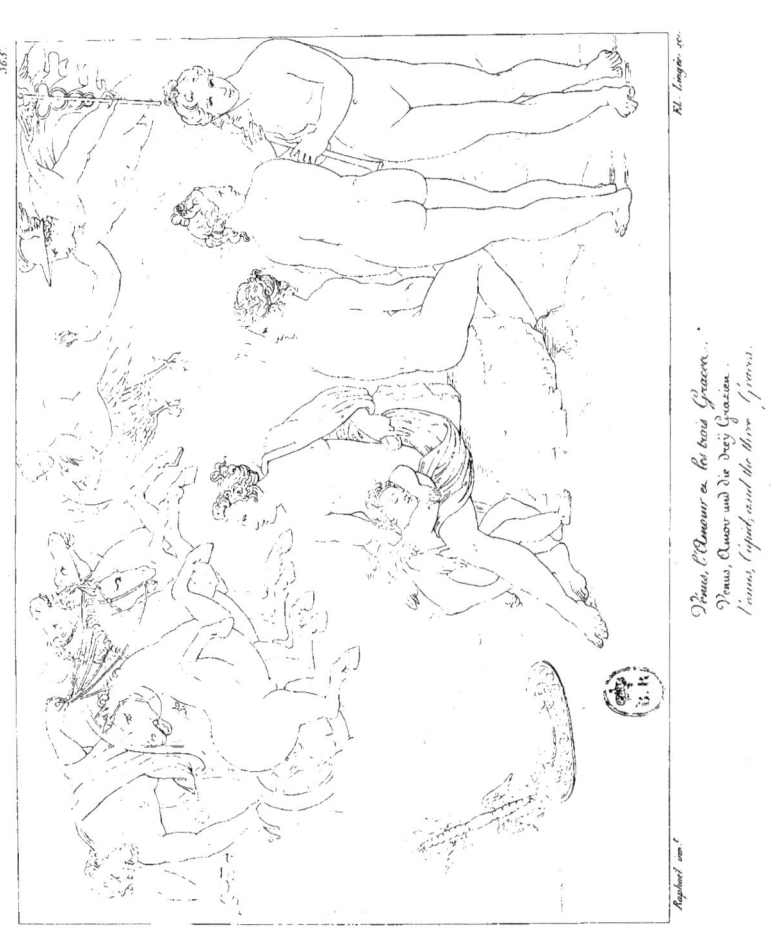

Venus, l'Amour et les trois Graces.
Venus, Amor und die drey Grazien.
Venus, Cupid and the three Graces.

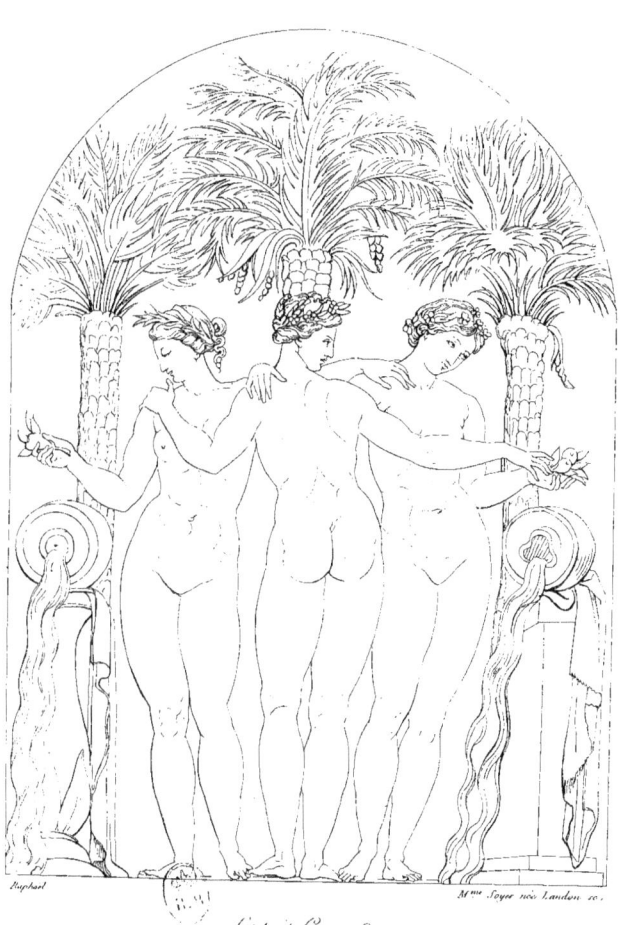

Les trois Graces.
Die drey Grazien.
The three Graces.

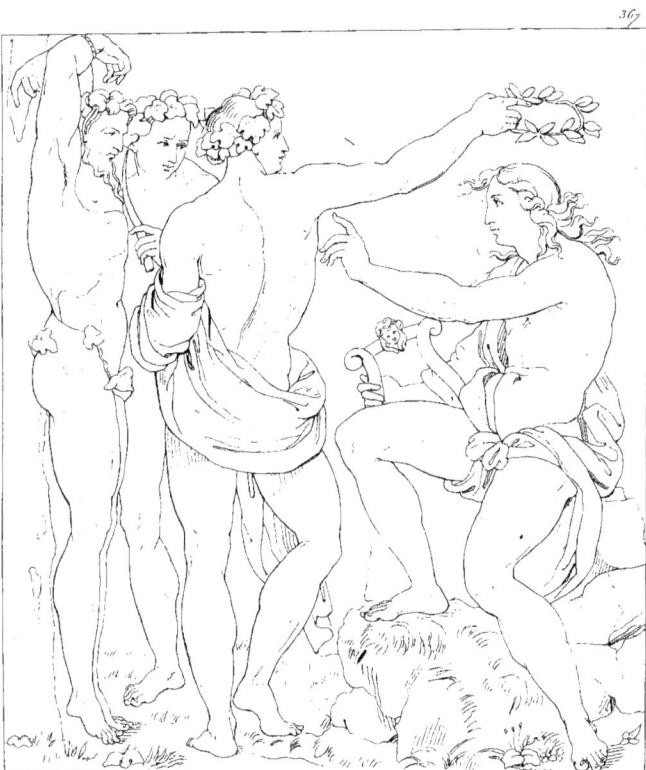

Apollon fait écorcher Marsyas.
Apollo läßt dem Marsyas die Haut abziehen.
Apollo has Marsyas flead.

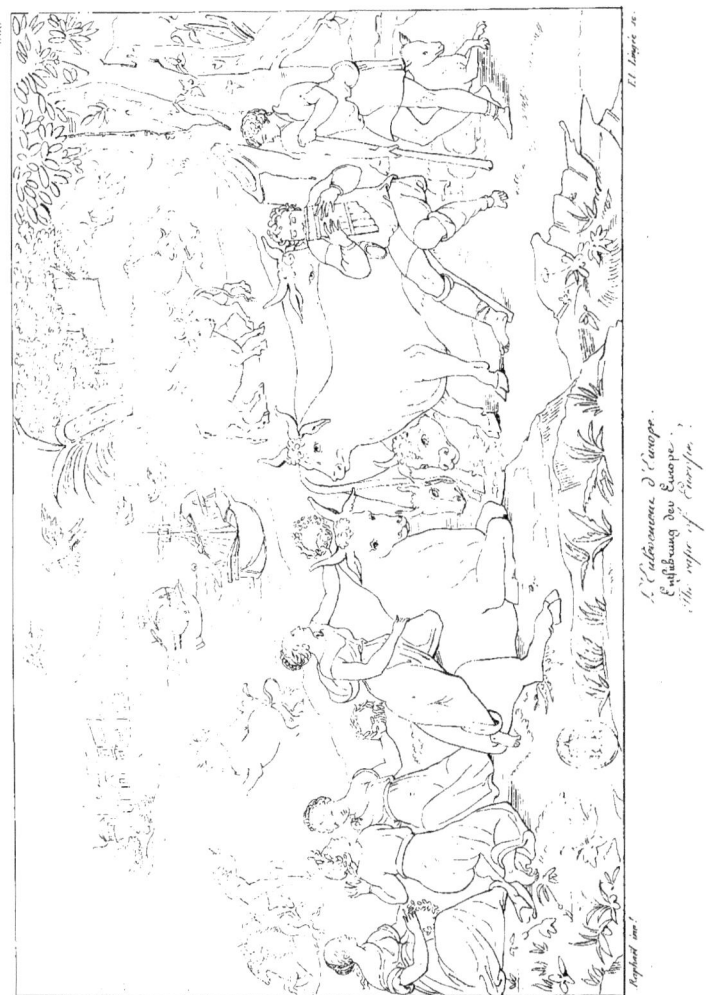

L'enlèvement d'Europe.
Entführung der Europa.
The rape of Europa.

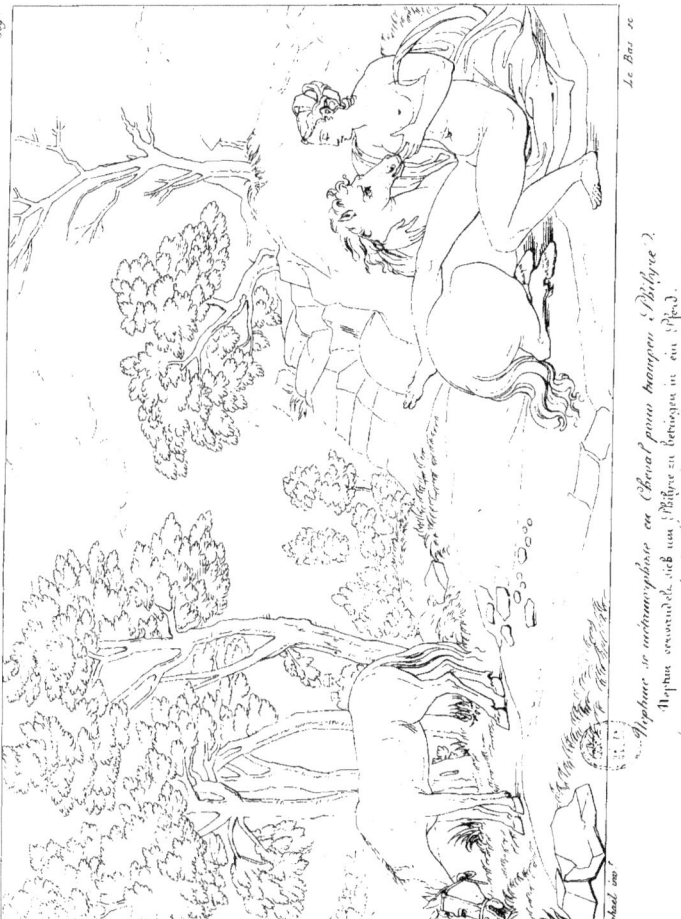

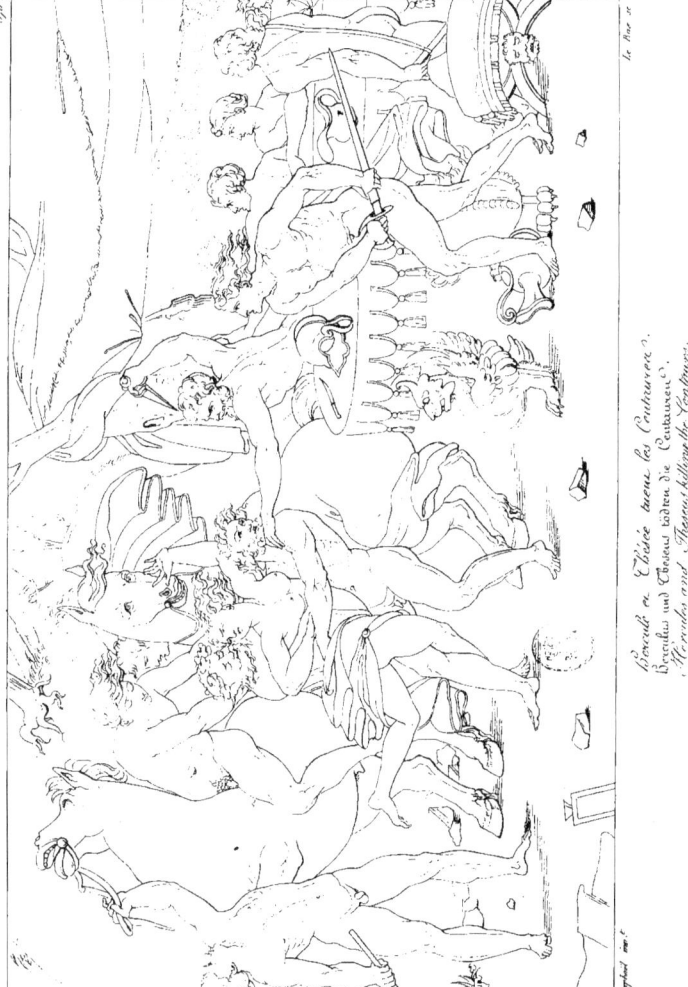

Hercule et Thésée tuent les Centaures.
Hercules und Theseus tödten die Centauren.
Hercules and Theseus killing the Centaurs.

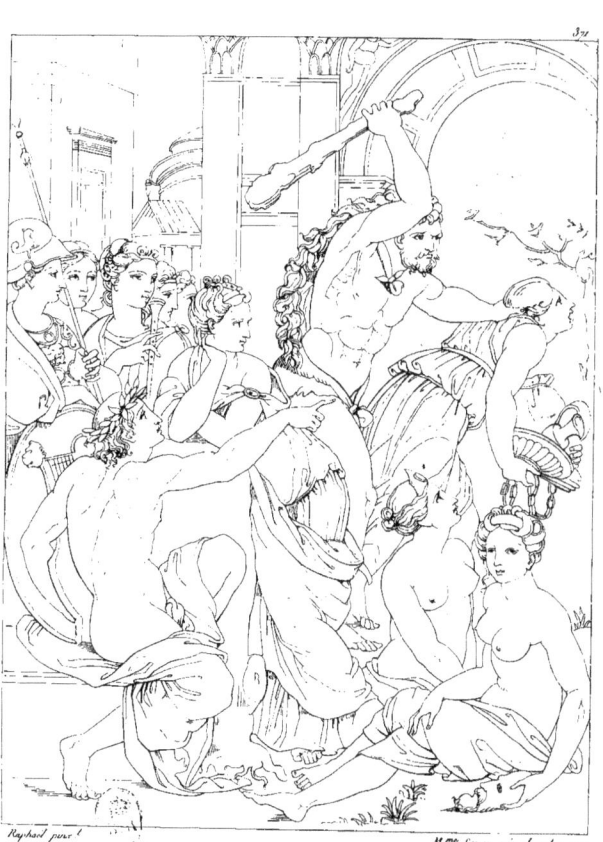

Raphael pinx.^t Mme Soyer née Lundon sc.

Hercule chassant l'avarice du Parnasse.
Hercules verjagt den Geitz aus dem Parnasse.
Hercules driving away y.^e Avarice from Parnassus.

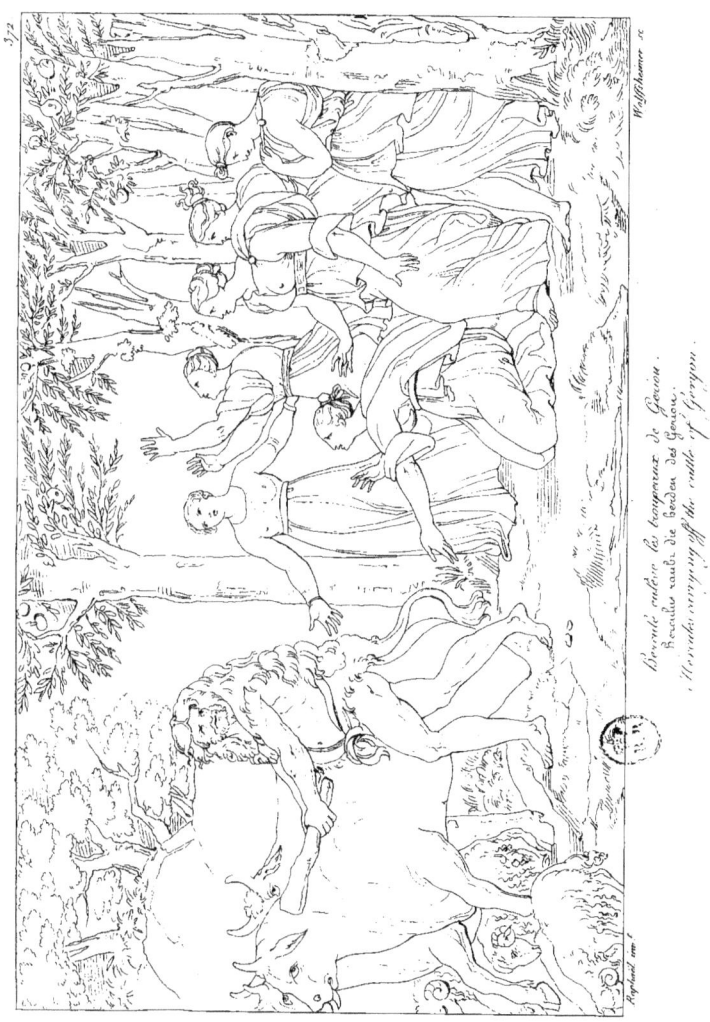

Hercule enleve les troupeaux de Gerion.
Hercules raubt die Heerden des Gerion.
Hercules carrying off the cattle of Geryon.

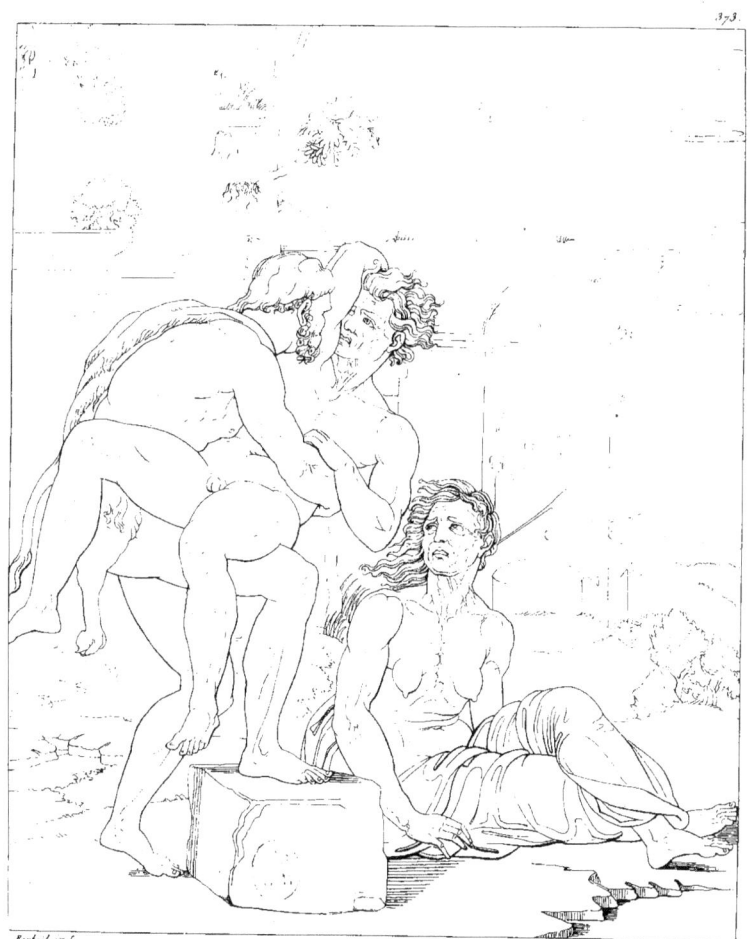

Hercule voulant étouffer Anthée.
Herculus will den Anthæus ersticken.
Hercules endeavouring to stifle Anthæus.

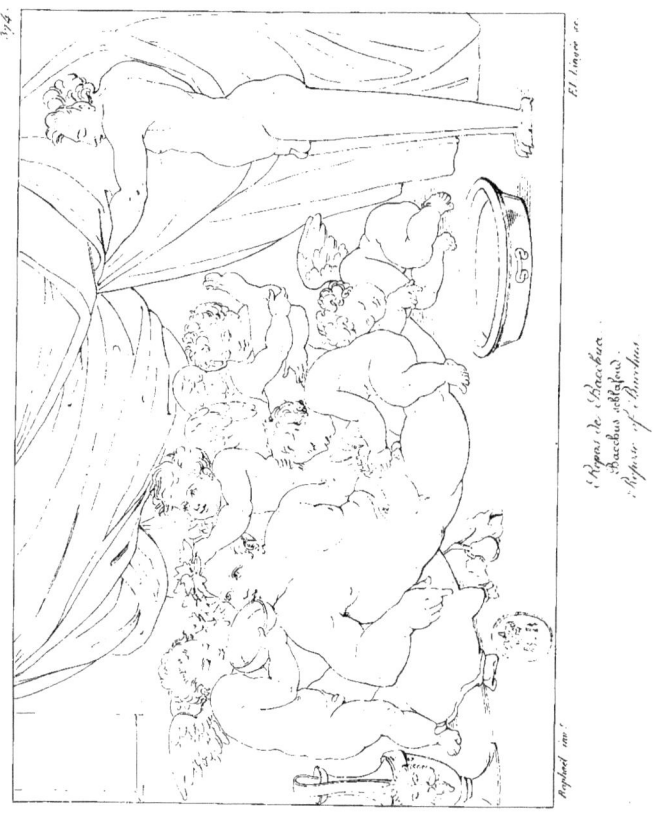

Repos de Bacchus.
Bacchus obdormiens.
Repose of Bacchus.

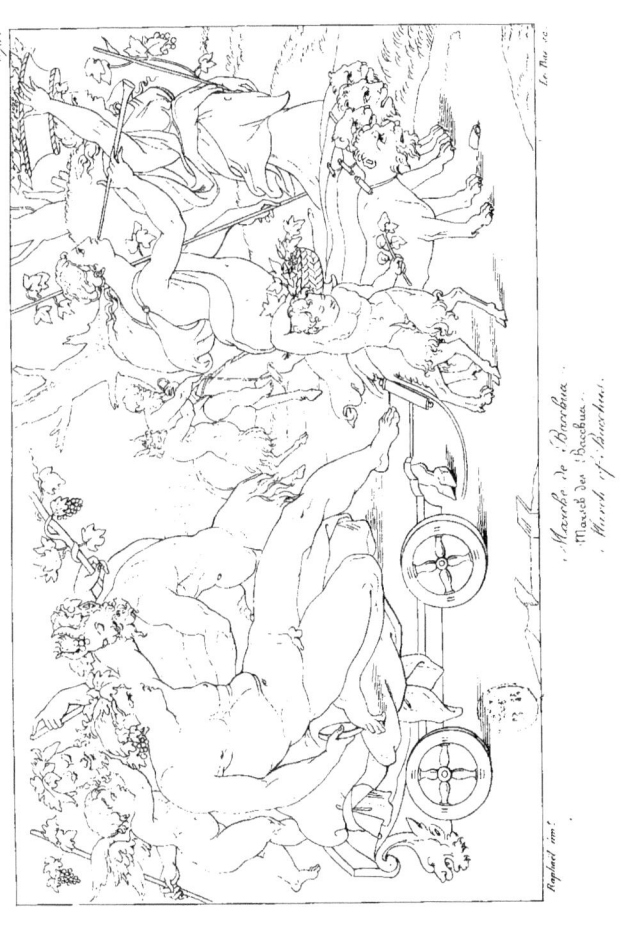

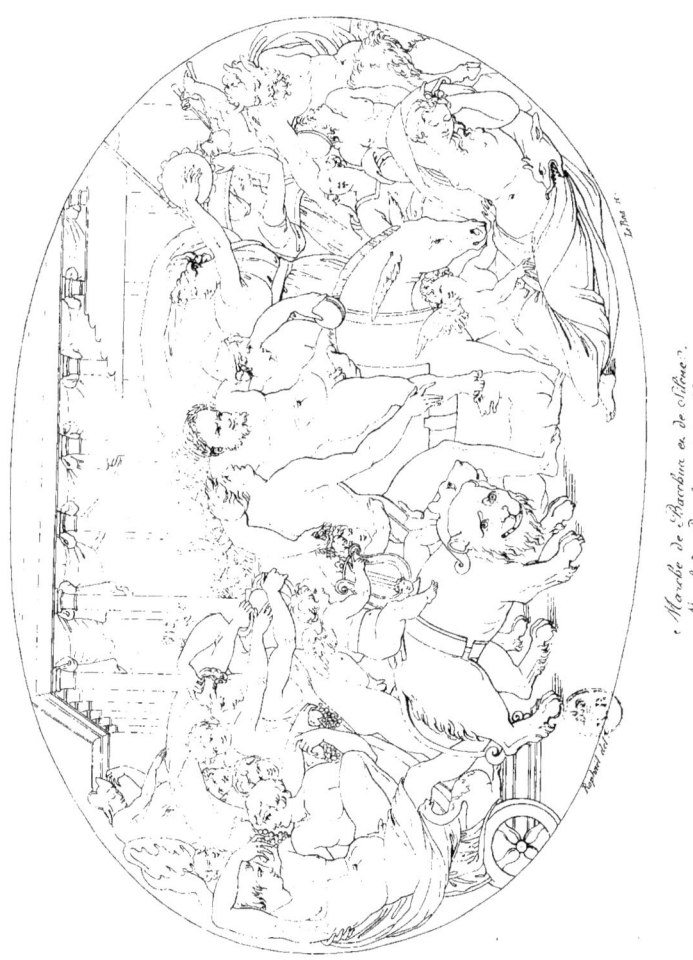

Marche de Bacchus et de Silène.
March of Bacchus and Silenus.

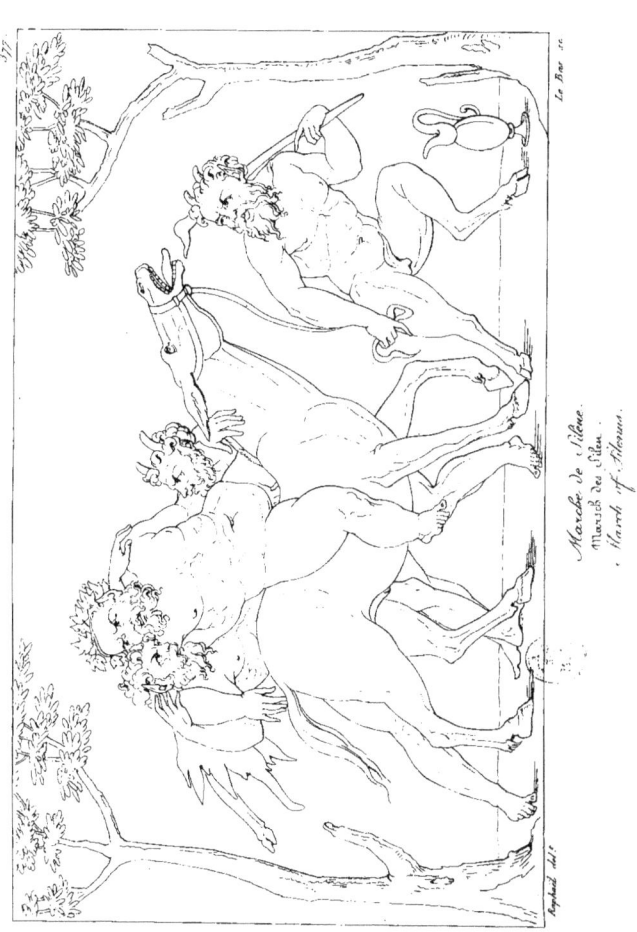

Marche de Silène.
Marcia dei Sileni.
March of Silenus.

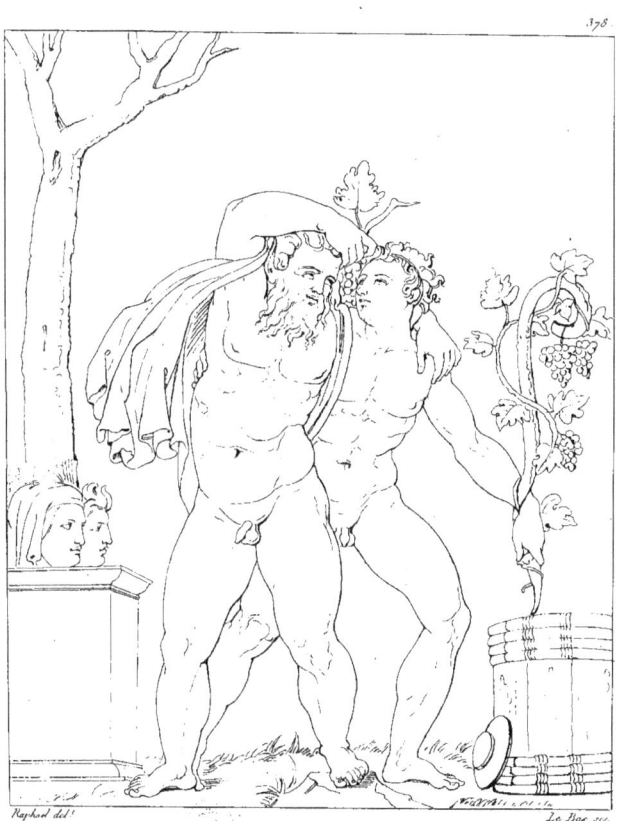

Deux Faunes.
Zwey Faunen.
Two Fauns.

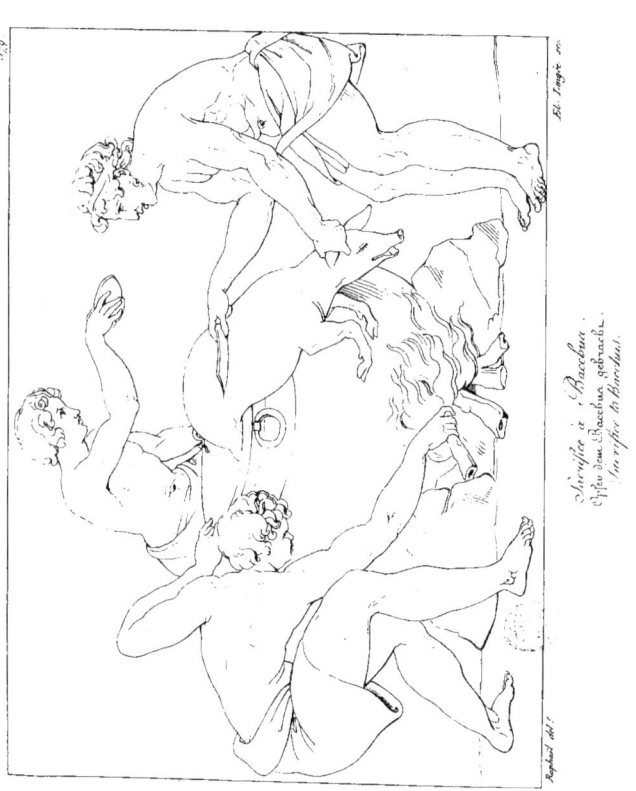

Sacrifice à Bacchus.
Opfer dem Bacchus gebracht.
Sacrifice to Bacchus.

Venus portée sur les Eaux.
Venus auf dem Wasser.
Venus borne upon the Waters.

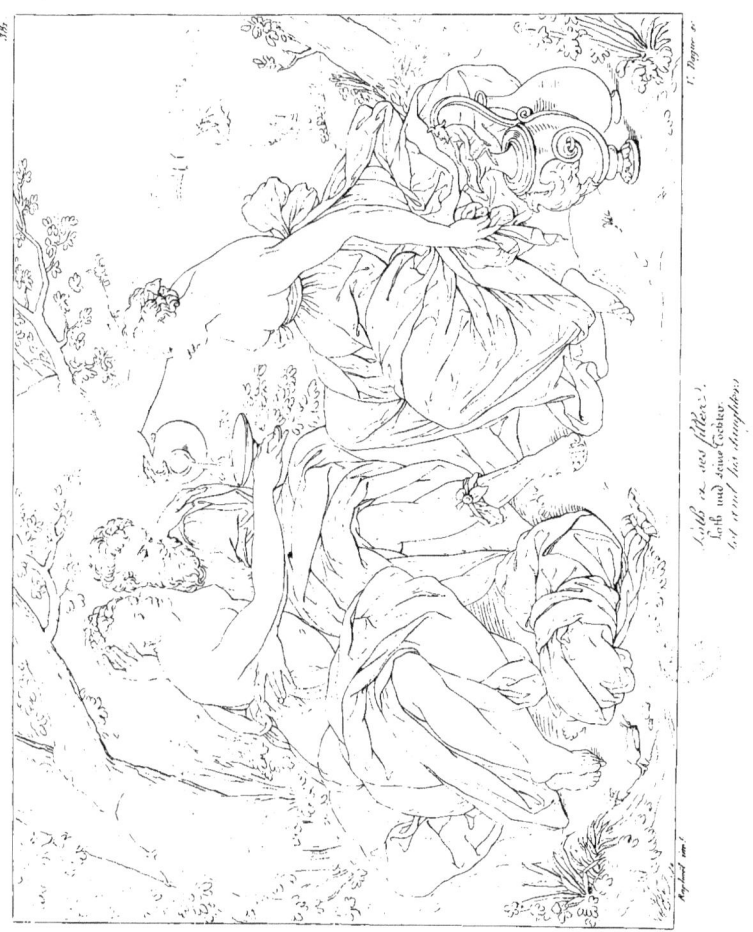

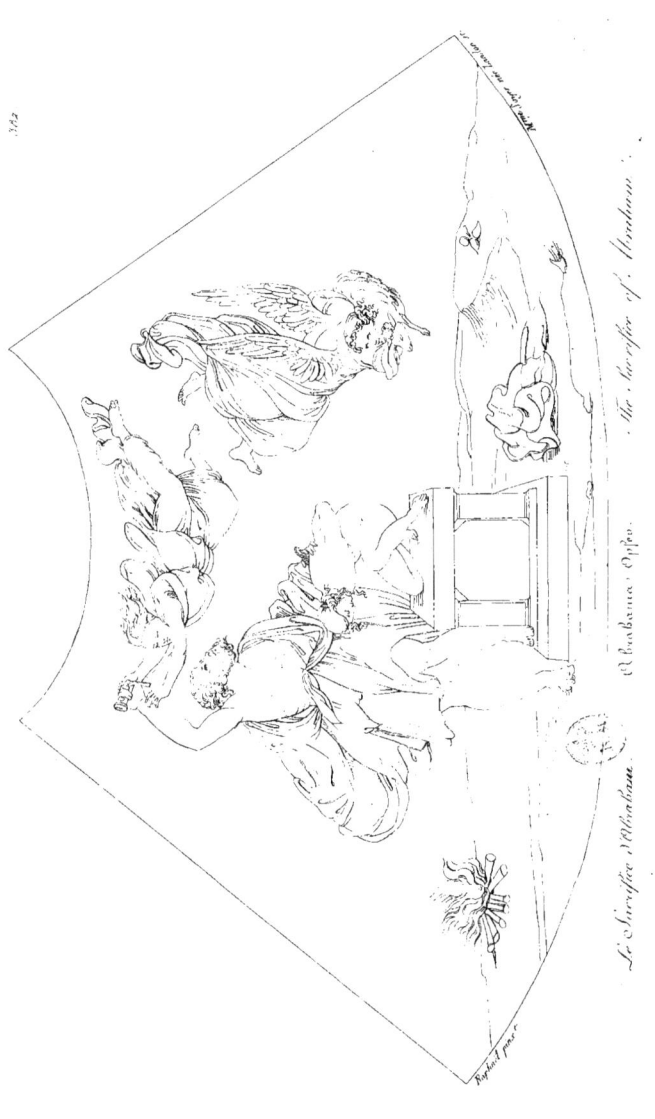

Le Sacrifice d'Abraham. Abrahams Opfer. The Sacrifice of Abraham.

Dieu apparait à Moyse dans un buisson ardent. — *Gott erscheinet dem Moses in einem feurigen Busch.* — *God appearing to Moses in a burning bush.*

Raphael inv.

Le Bas sc.

Joseph reconnu par ses Frères.
Josephus von seinen Brüdern erkannt.
Joseph recognised by his brothers.

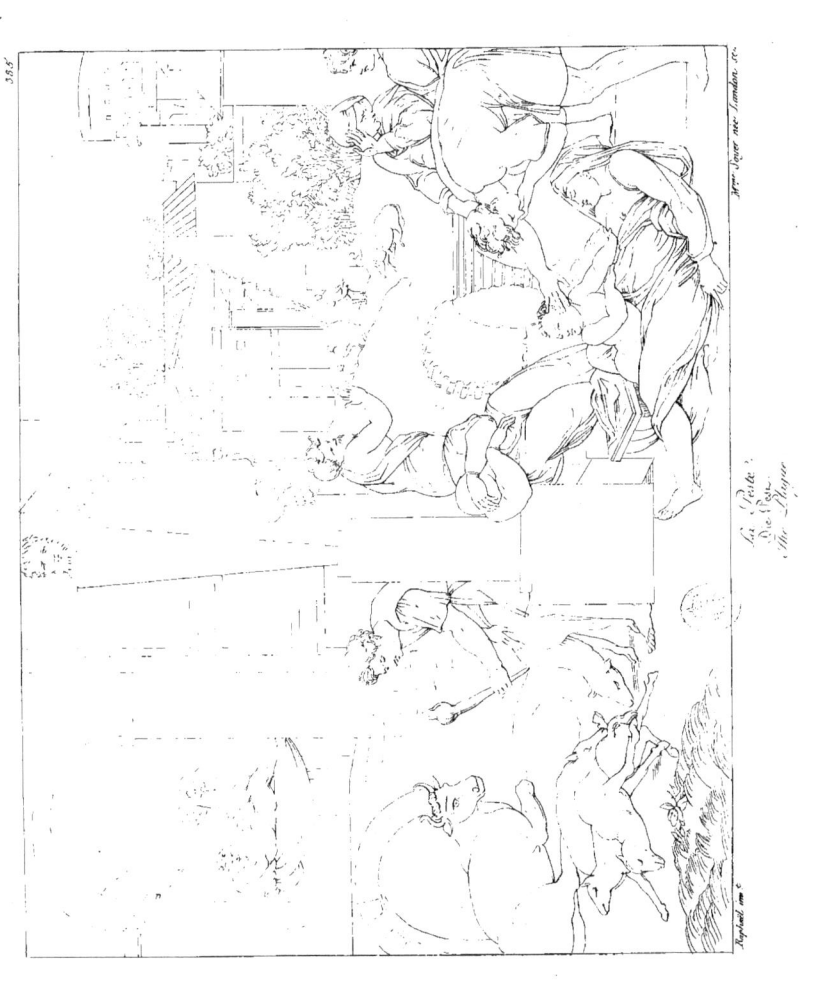

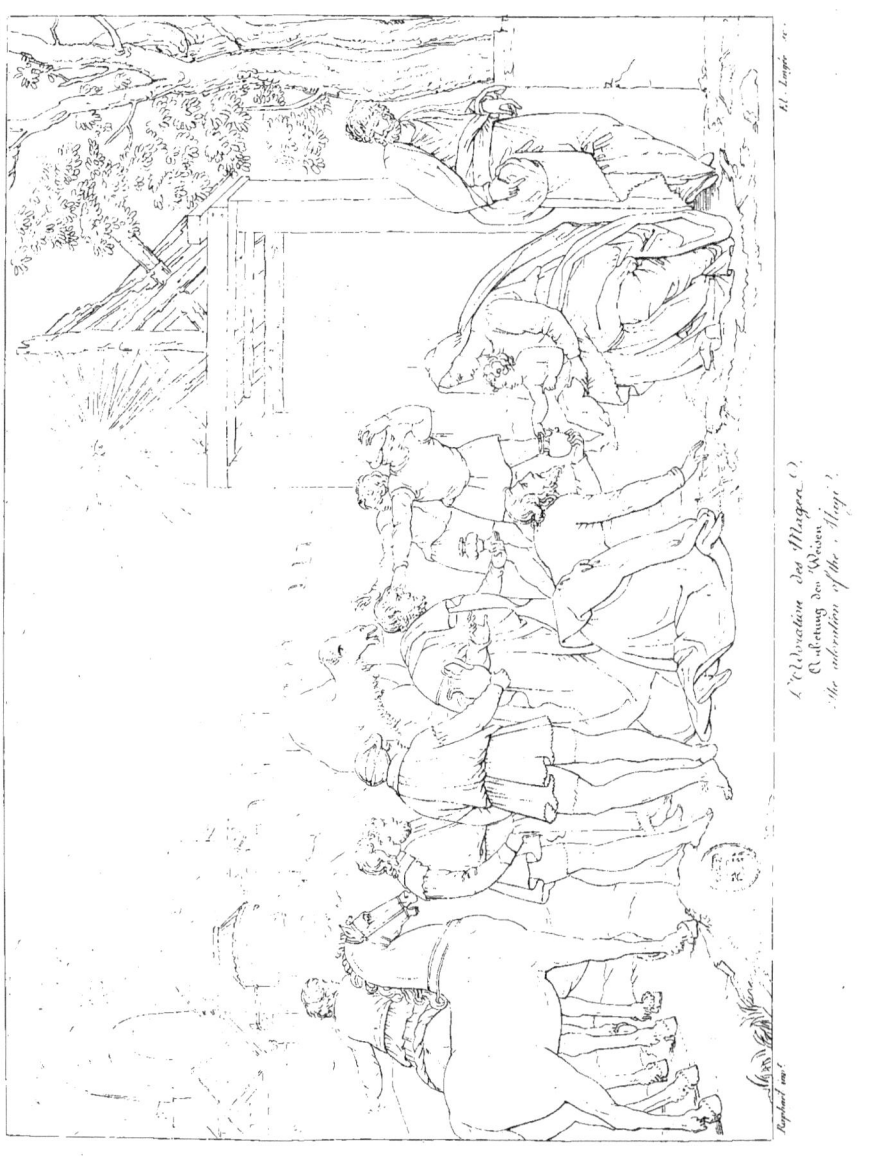

L'Adoration des Mages.
Anbetung der Weisen.
The adoration of the Magi.

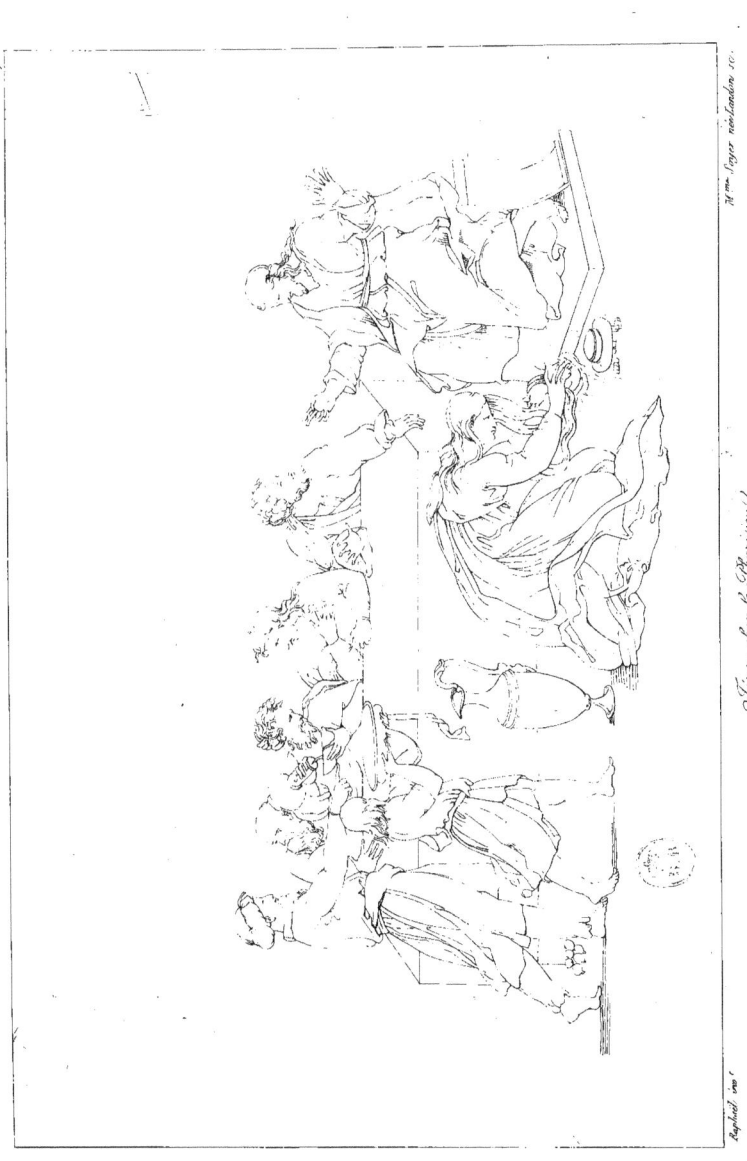

Raphael inv.   Mme Soyer neulandais sc.

Jesus chez le Pharisien.
Jesus bey dem Pharisäer.
Jesus with the Pharisee.

388.

Raphael inv.   Wolfsheimer sc.

Le Christ au tombeau.
Christus im grabe.
Christ in the tomb.

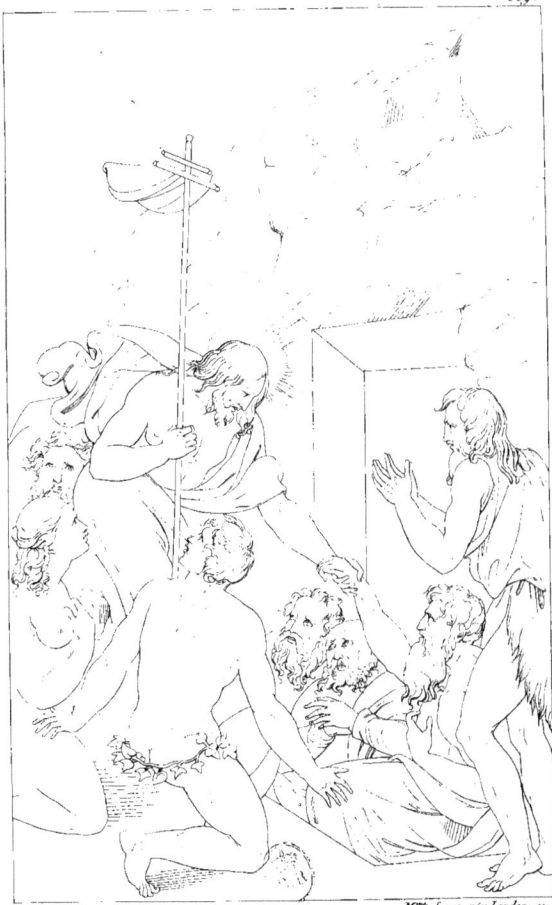

Raphael inv.   Mme Soyer née Landon sc.
Le Christ aux Limbes.
Christus in der Vorhölle.
Jesus Christ in Limbo.

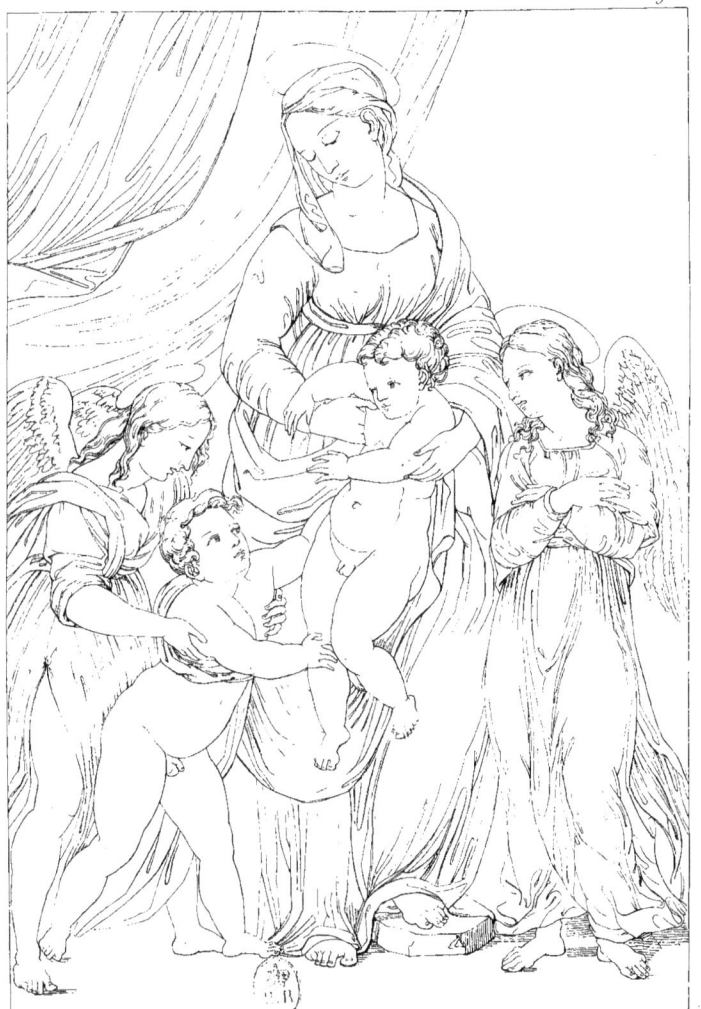

Raphael pinx.'t   M.me Soyer née Landon sc.
La Vierge l'Enfant Jésus le petit S.t Jean et deux Anges.
Die heil. Jungfrau das Kind Johannes und zwei Engel.
The Virgin Infant Jesus little S.t John and two Angels.

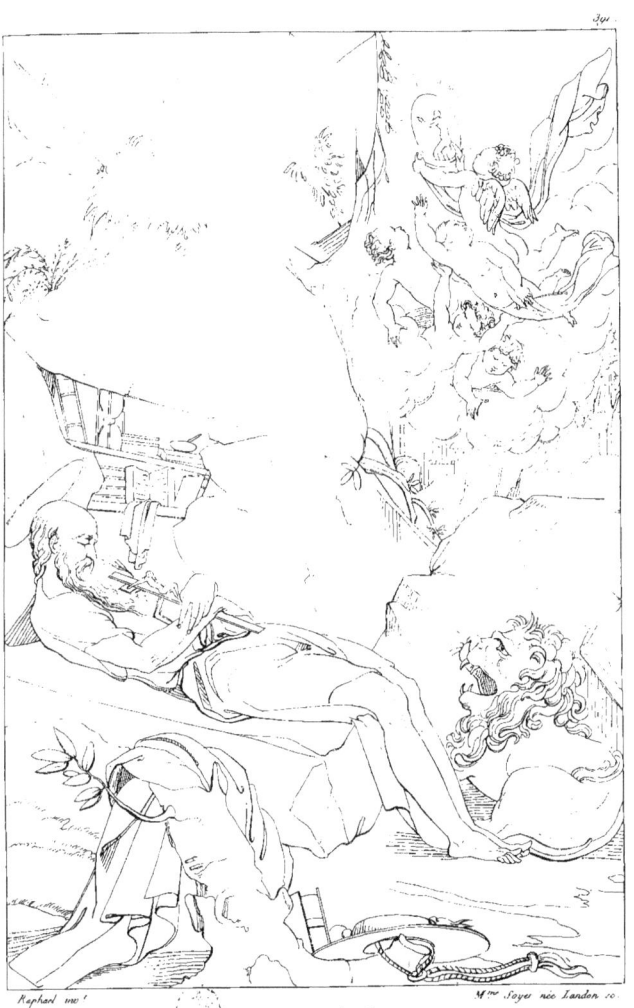

Raphael inv.	Mme Soyer née Landon sc.

La mort de St. Jérôme.
St. Hyeronymus Tod.
The death of St. Jerome.

St. Michel terrassant le Diable.
St. Michael besiegt den Teufel.
St. Michael overthrowing Satan.

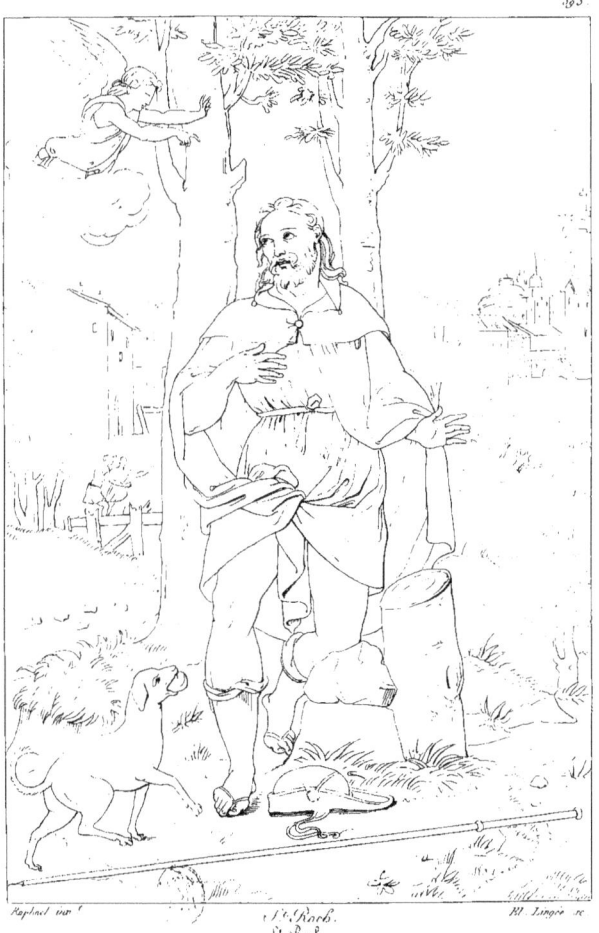

Raphael inv. St. Roch. El Langés sc.

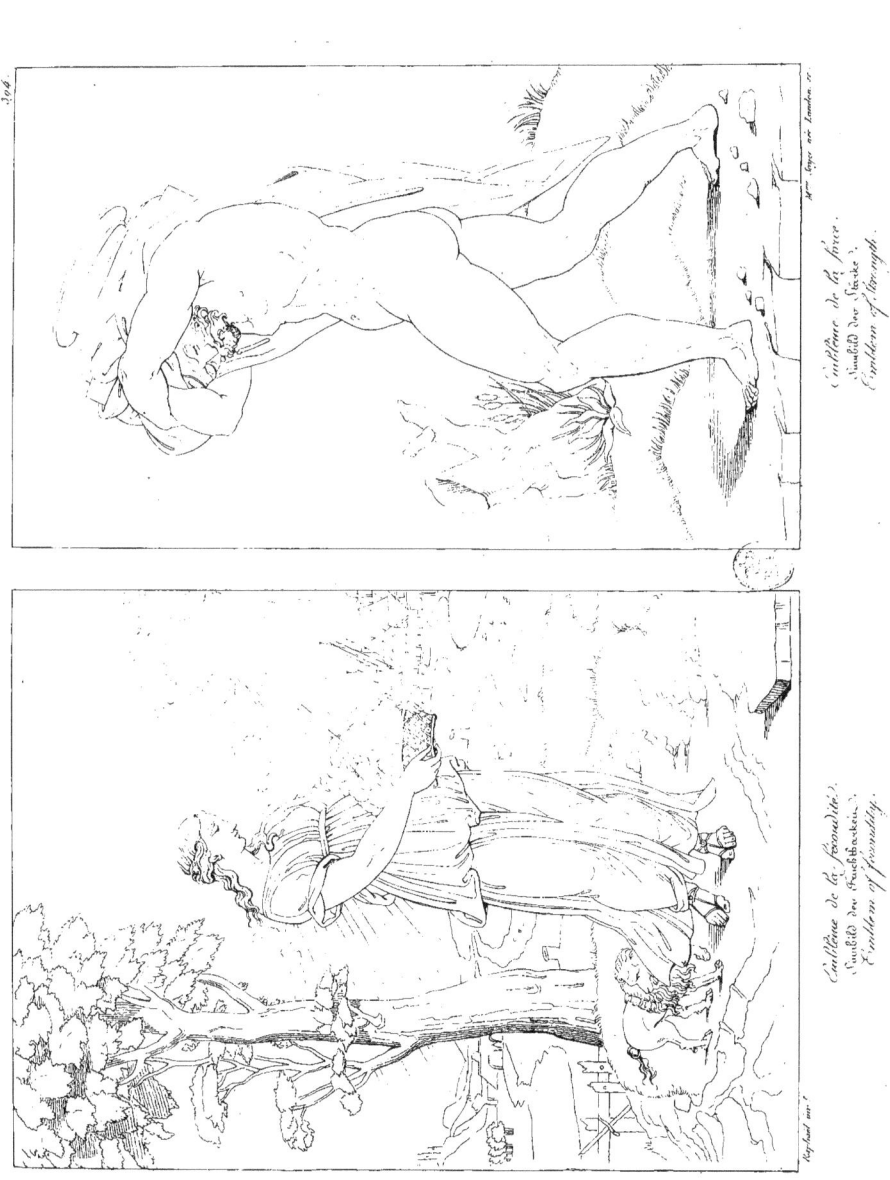

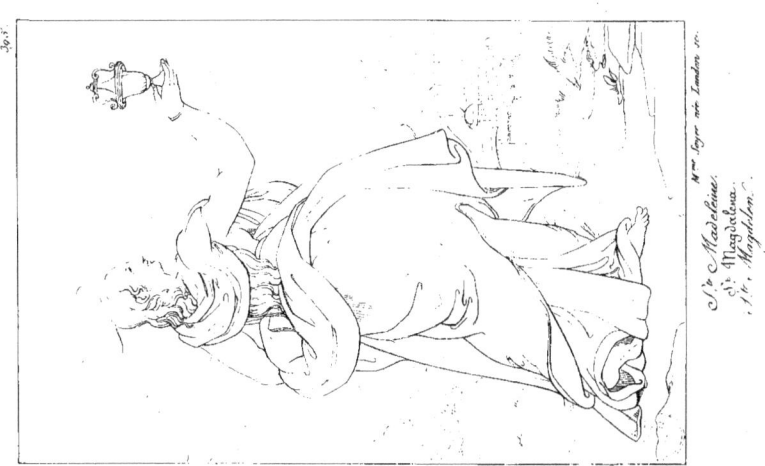

S.te Madeleine.
S.ta Magdalena.
St. Magdalen.

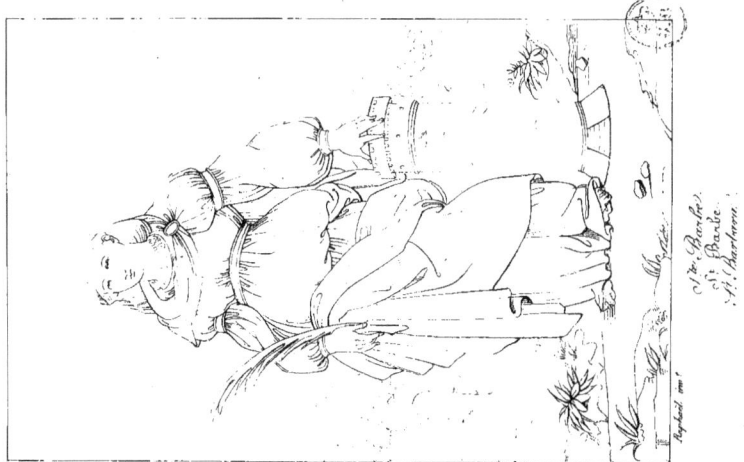

S.te Barbe.
S.ta Barbe.
S.t Barbara.

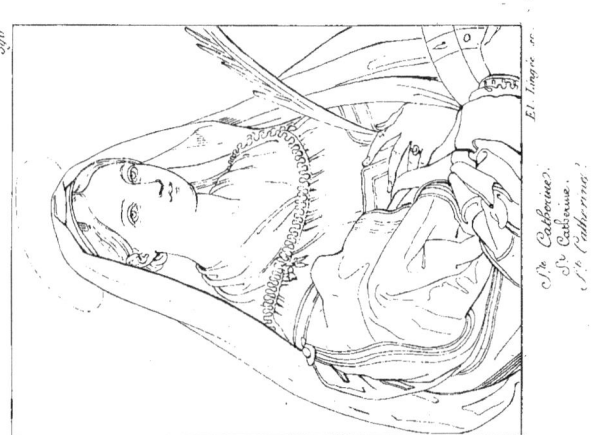

Ste Barbe.
St Barbe.
(S.te Barbara)

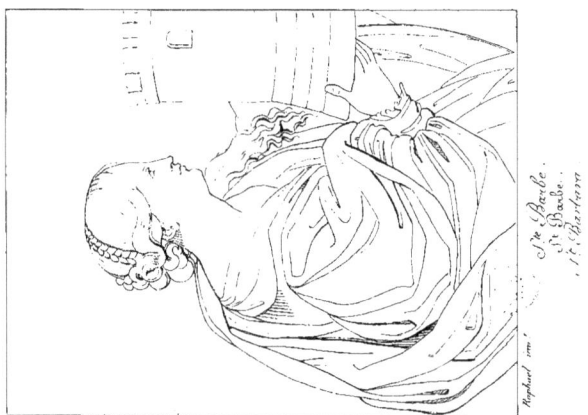

Ste Catherine.
Ste Catherine.
(S.te Catherina)

Ève présente la pomme à Adam.
Eva reicht Adam den Apfel.
Eve offering the apple to Adam.

Raphael del.¹   Herm Cogés nes London se.

Vénus ordonne à Psyché d'aller puiser de l'eau à la source des fleuves infernaux?
Die Venus gebietet der Psyche an den unterirdischen quellen Wasser zu schöpfen.
Venus ordering to Psyche to go fetch some water to the source of the infernal rivers.

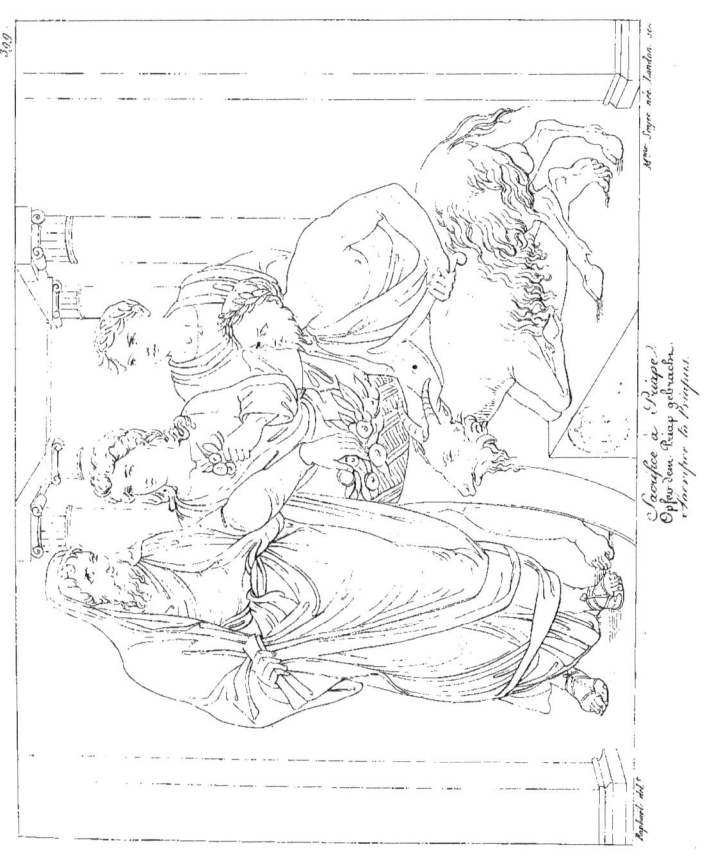

Sacrifice à Priape.

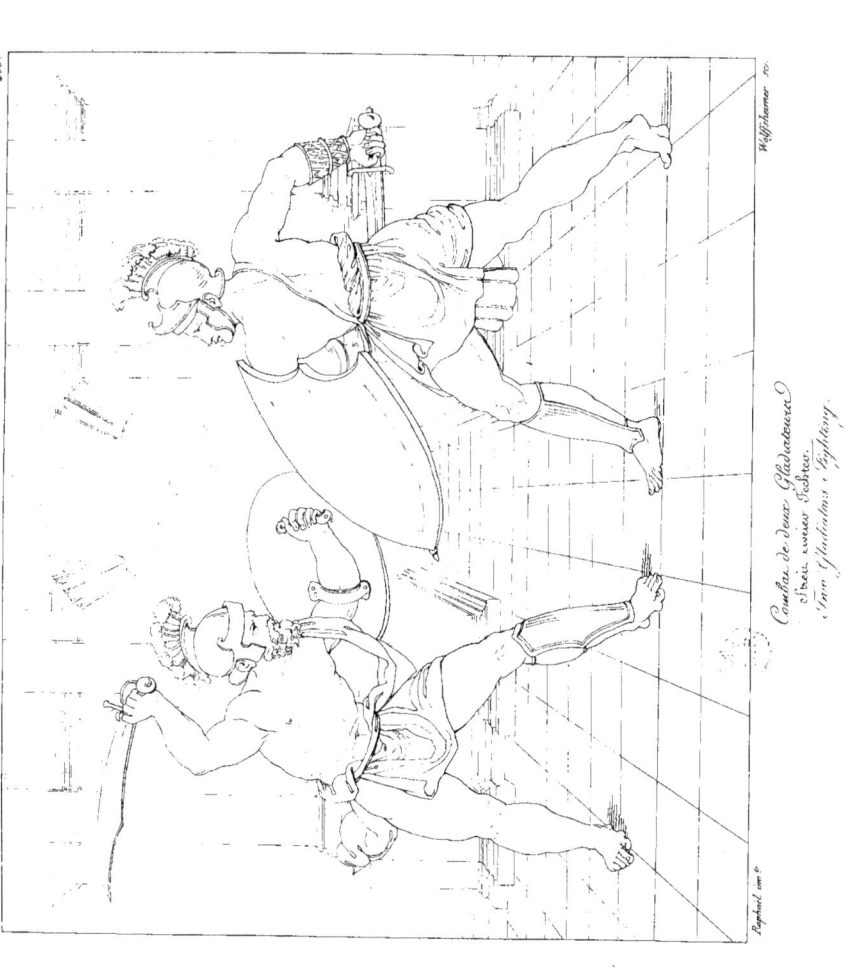

Combat de deux Gladiateurs.
Strcit zweier Fechter.

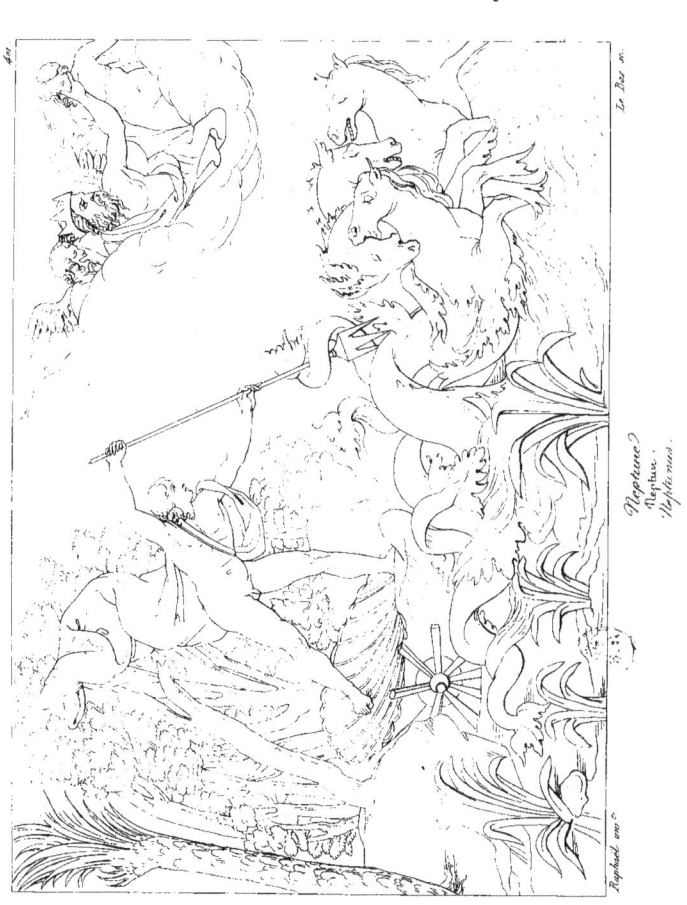

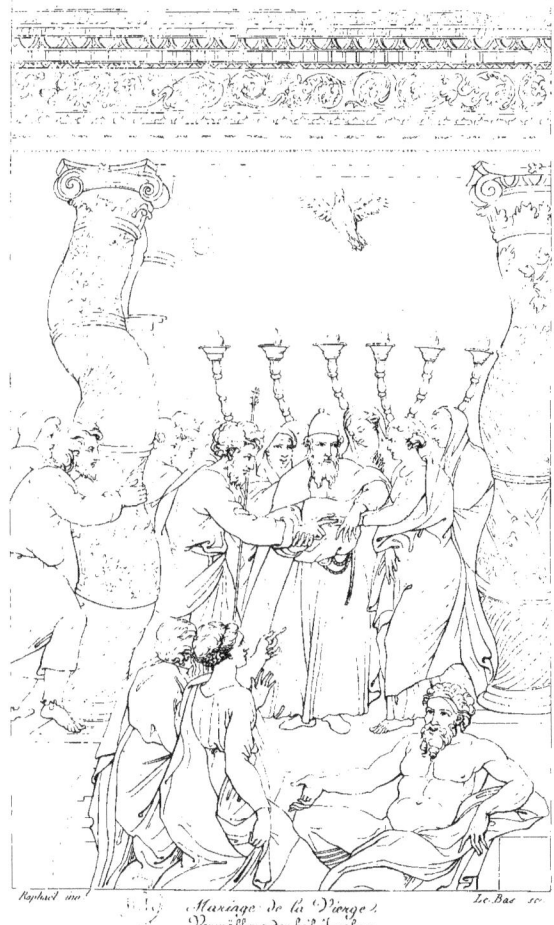

Mariage de la Vierge.
Marriage of the Virgin.

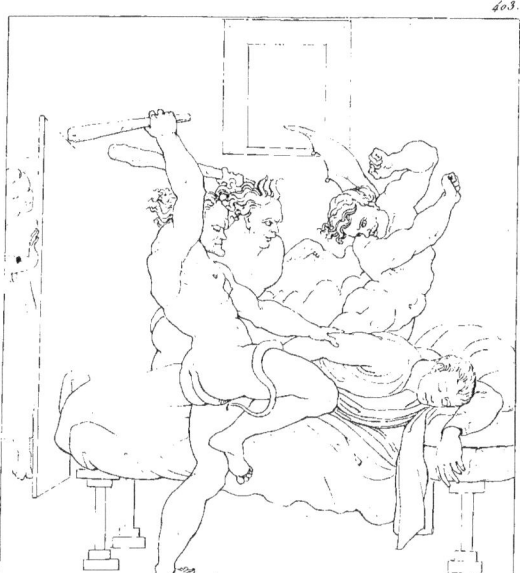

L'homme tourmenté par les songes.
Ein Mann von Träumen geplagt.
The man tormented by dreams.

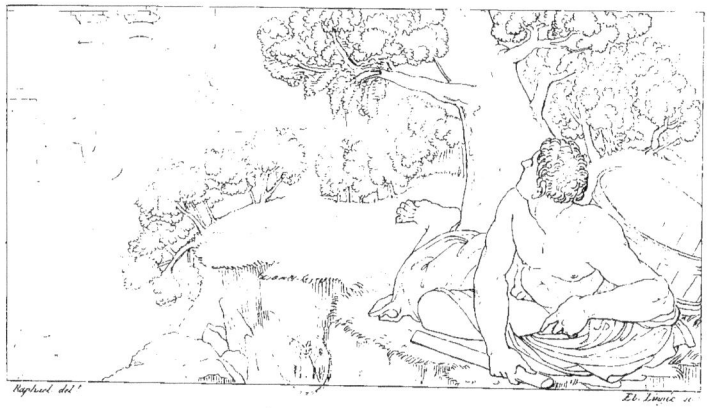

Un homme couché sous un arbre.
Ein Mann unter einem Baum schlafend.
A man laid under a tree.

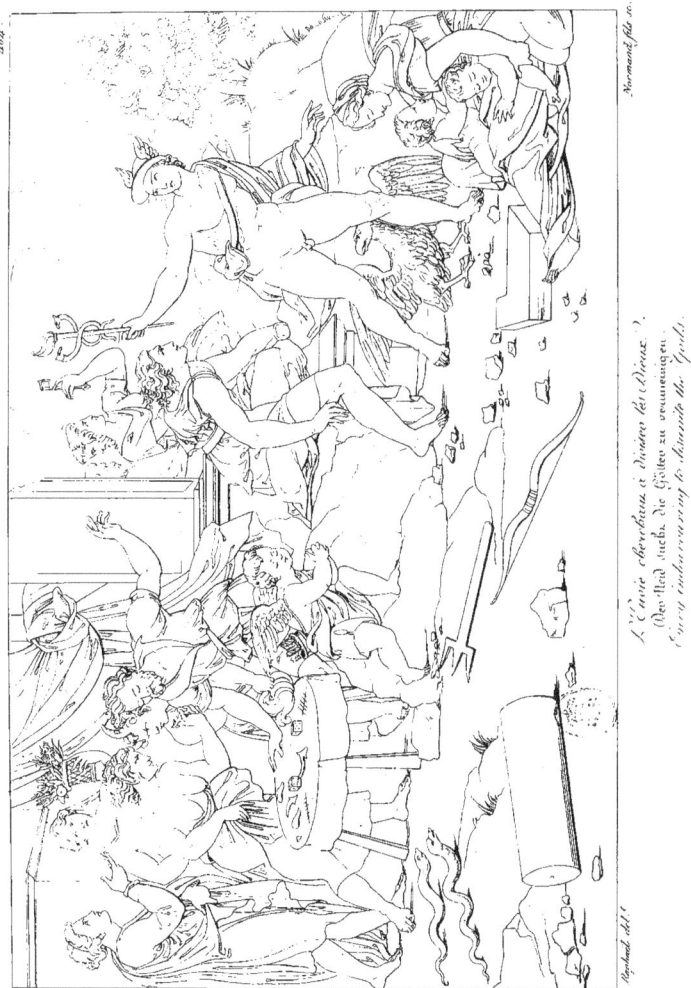

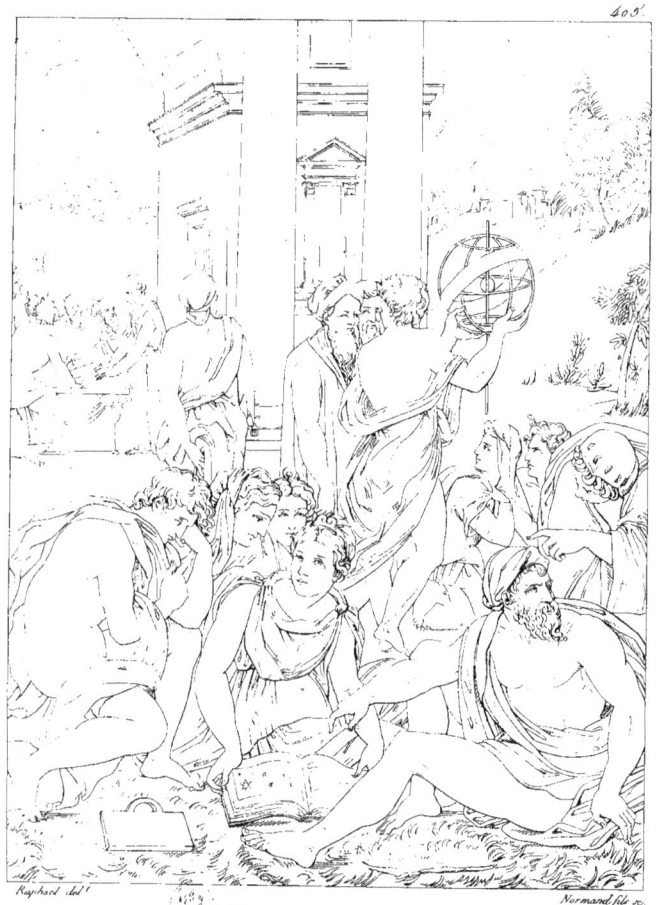

Étude pour l'école d'Athènes.
Zeichnung zu der Schule Athen.
A Study for the School of Athens.

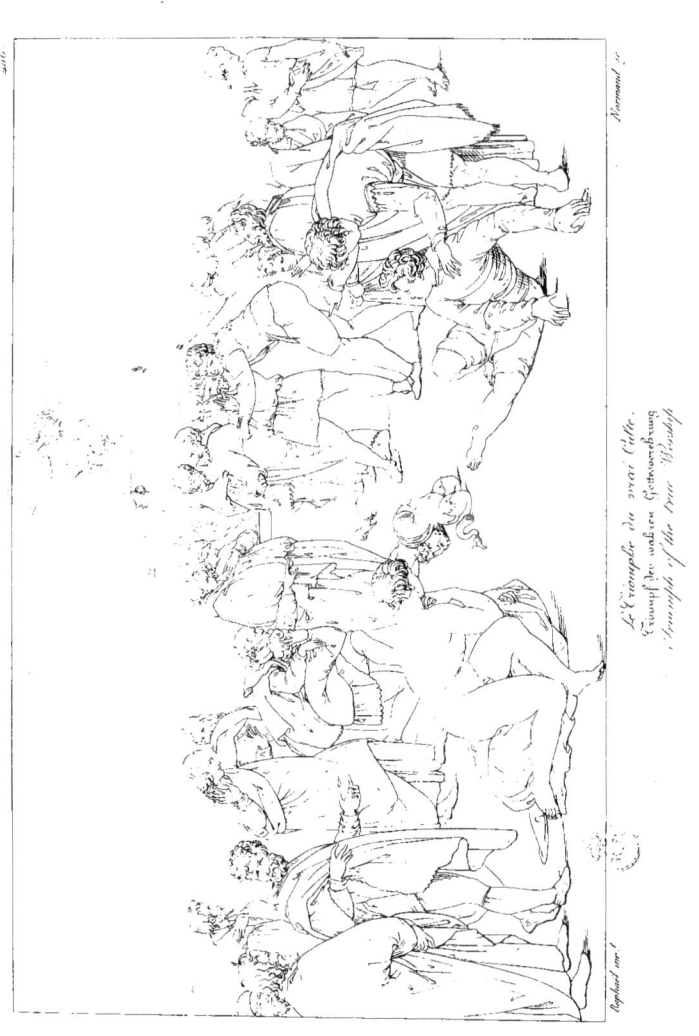

Le Triomphe de la vrai Culte.
Triumph der wahren Gottesverehrung.
Triumph of the true Worship.

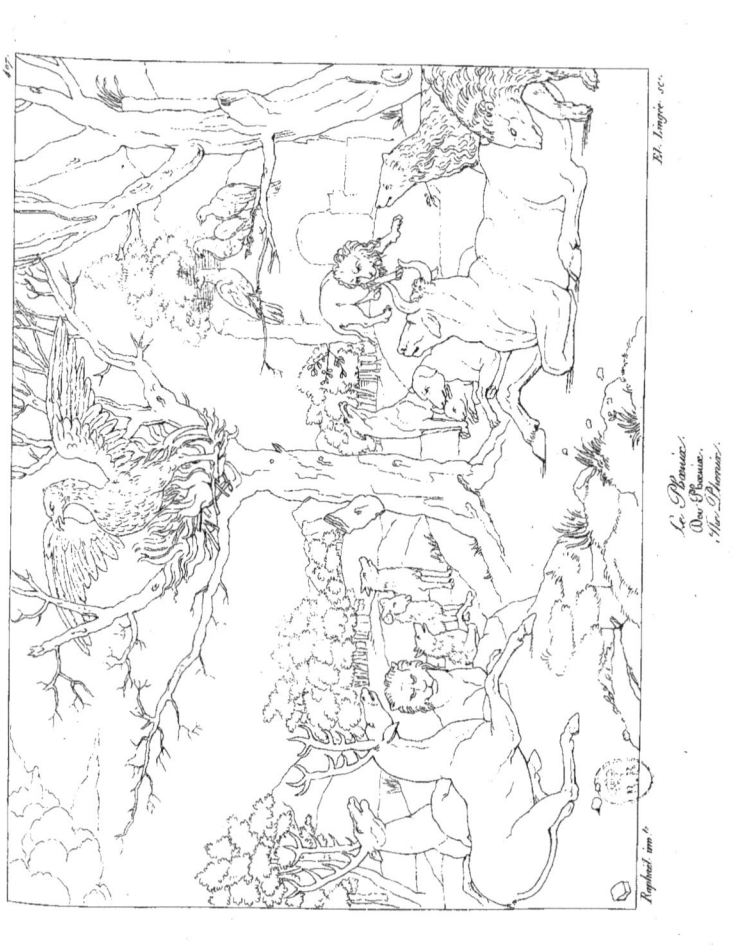

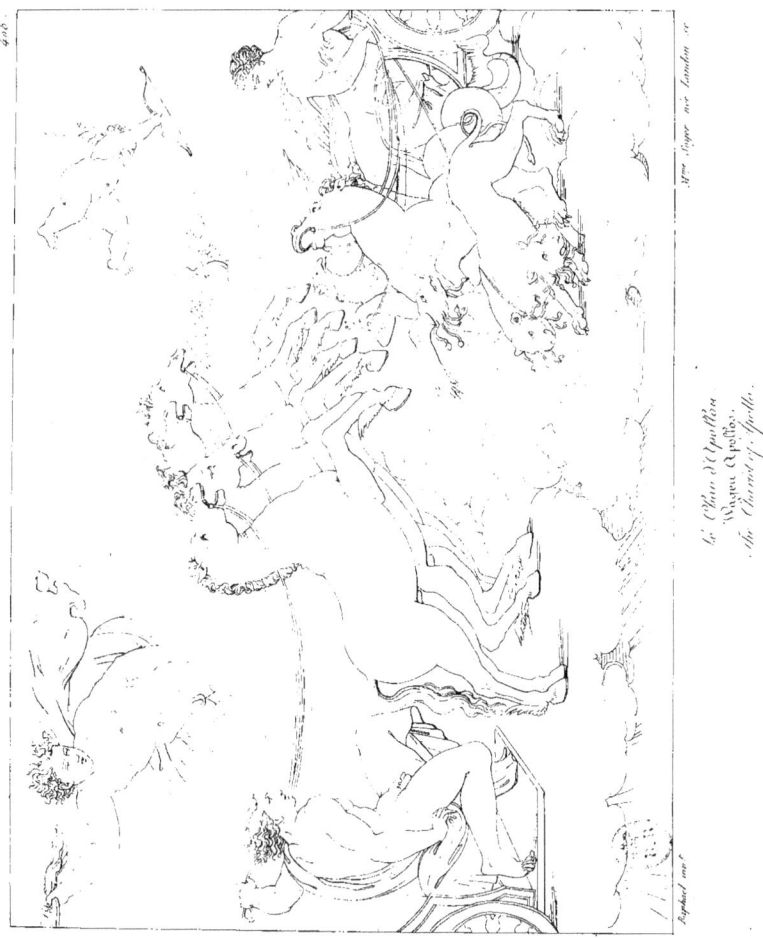

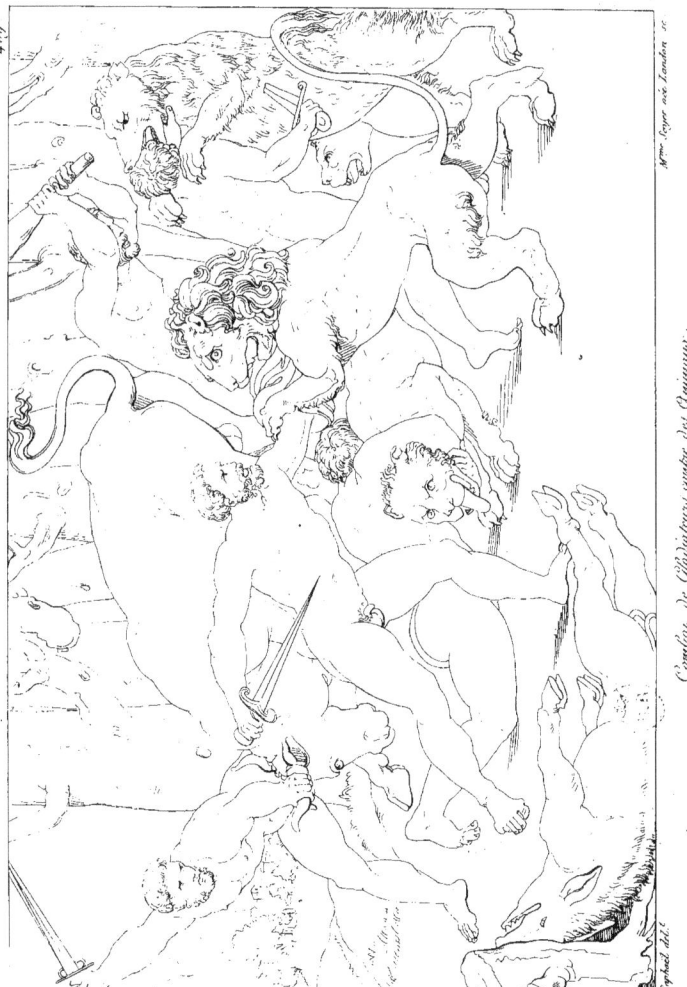

Combats de Gladiateurs contre des Animaux.
Kampf von Fechtern gegen wilde Thiere.
Gladiatores pugilantes agrestes bestiarii.

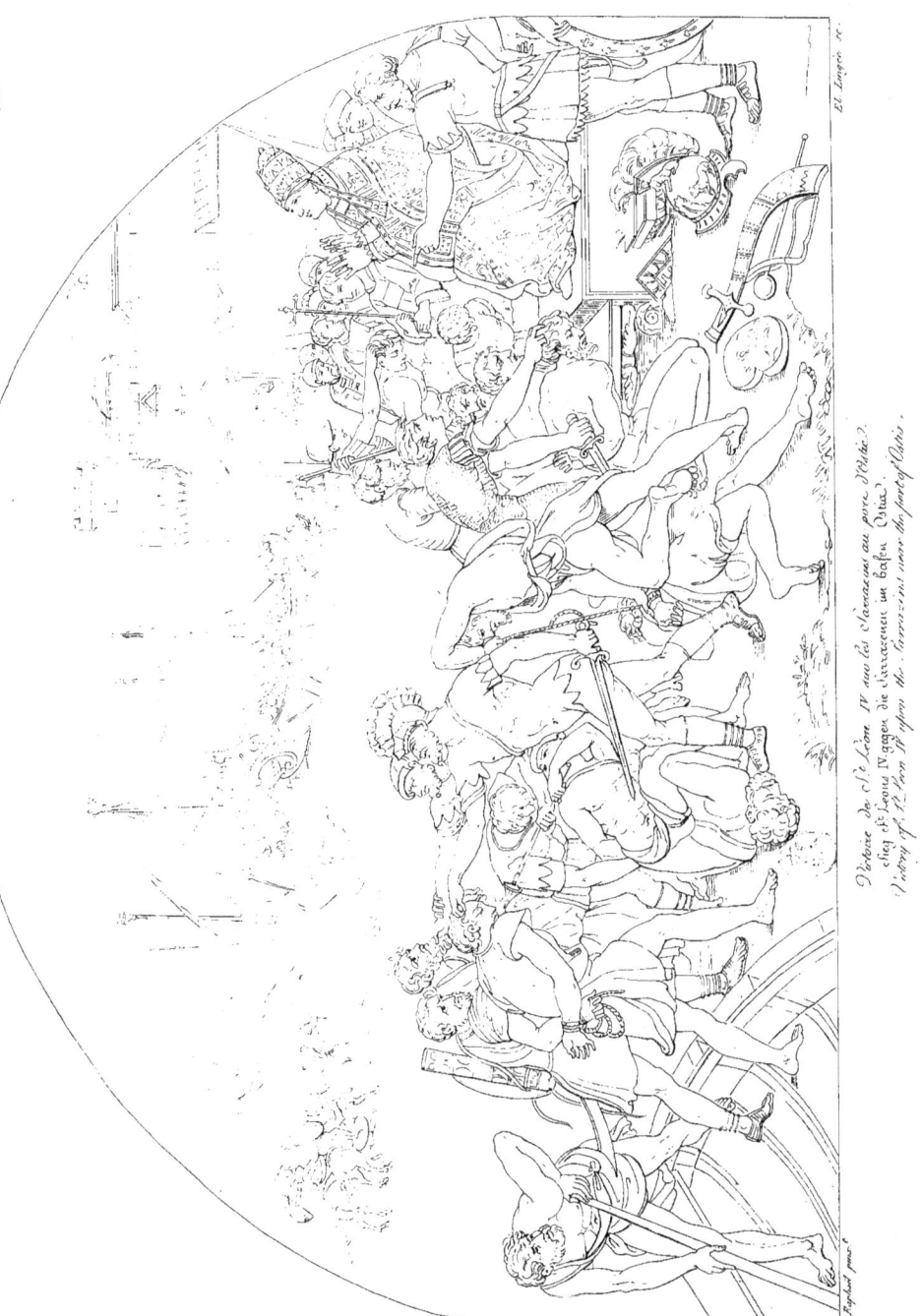

Victoire de St. Léon IV sur les Sarazins au port d'Ostie?
chef St. Leonis IV gegen die Sarazenen in hafen d'Ostia?
Victory of St. Leon IV upon the Sarrazins near the port of Ostia.

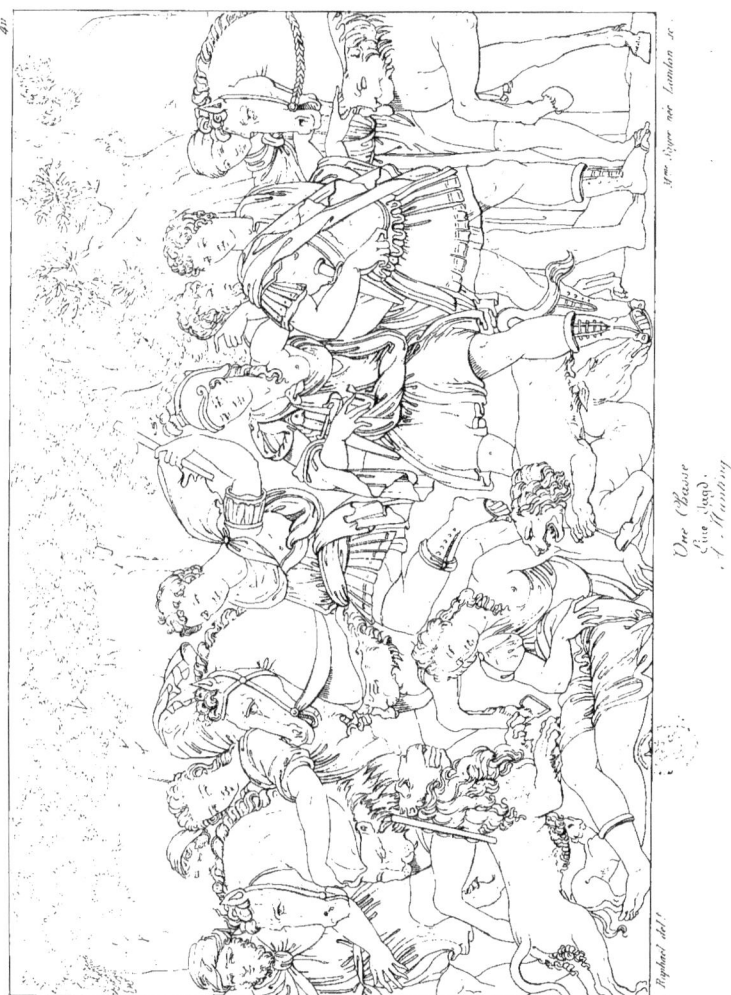

VIES ET OEUVRES

DES

PEINTRES LES PLUS CELÈBRES.

VIES ET OEUVRES

DES

PEINTRES LES PLUS CÉLÈBRES

DE TOUTES LES ECOLES;

RECUEIL CLASSIQUE,

CONTENANT

L'ŒUVRE complète des Peintres du premier rang, et leurs Portraits; les principales Productions des Artistes de 2º et 3º classes; un Abrégé de la Vie des Peintres Grecs, et un choix des plus belles Peintures antiques;

RÉDUIT ET GRAVÉ AU TRAIT,

D'après les Estampes de la Bibliothèque impériale et des plus riches Collections particulières;

Publié par C. P. LANDON, Peintre, ancien Pensionnaire du Gouvernement à l'Ecole Française des Beaux-Arts à Rome, Membre de plusieurs Sociétés Littéraires, Éditeur des Annales du Musée.

A PARIS,

Chez TREUTTEL et WURTZ, Libraires, rue de Lille, N° 17.
Et à STRASBOURG, même Maison de Commerce, Grand'rue, N° 15.

IMPRIMERIE DE CHAIGNIEAU AÎNÉ.
1813.

SUITE

DE

L'ŒUVRE DE RAPHAËL.

AVIS DE L'ÉDITEUR.

J'ai annoncé dans le Prospectus de cet Ouvrage que chaque volume serait composé de soixante-douze planches, dont quelques-unes doubles seraient comptées pour deux, selon l'usage. Le nombre prescrit se trouve complété dans ce volume par cinquante-huit planches simples, cinq doubles, numéros 413, 414, 415, 416, 444, et une quadruple, numéro 412; ce qu'il est facile de vérifier par la dimension des sujets.

Mais afin que les Souscripteurs ne perdent pas de vue ce qui distingue les planches doubles, puisqu'elles sont sans pli, je crois nécessaire de leur rappeler, comme je l'ai fait dans les volumes précédens, que l'Ouvrage avait d'abord été annoncé sous un format in-4° ordinaire, où les planches doubles eussent été pliées; mais que depuis, pour éviter cet inconvénient, je me suis décidé à faire paraître ce recueil, sans néanmoins en augmenter le prix, sous un plus grand format, qui permît de placer les planches doubles sans les plier. Ce changement ajoute aux frais de l'édition; mais, comme il devait contribuer à l'agrément de l'Ouvrage, je n'ai pas hésité à l'adopter.

On pourra remarquer dans l'œuvre de Raphaël un très-petit nombre de sujets que quelques amateurs attribuent, avec apparence de raison, à d'autres maîtres, et particulièrement à Jules-Romain. Nous ne prétendons pas élever de discussion sur ce point; mais ne voulant risquer de rien omettre de l'œuvre d'un maître aussi important que Raphaël, nous n'avons pas cru devoir nous écarter du choix fait à la Bibliothèque impériale; elle est pour nous une autorité. Au surplus, lorsque nous avons crû rencontrer quelque pièce douteuse, nous en avons fait l'observation dans la table, et les Souscripteurs seront toujours à même de les supprimer de l'œuvre du peintre, lorsqu'ils ne croiront pas qu'elles doivent y être admises.

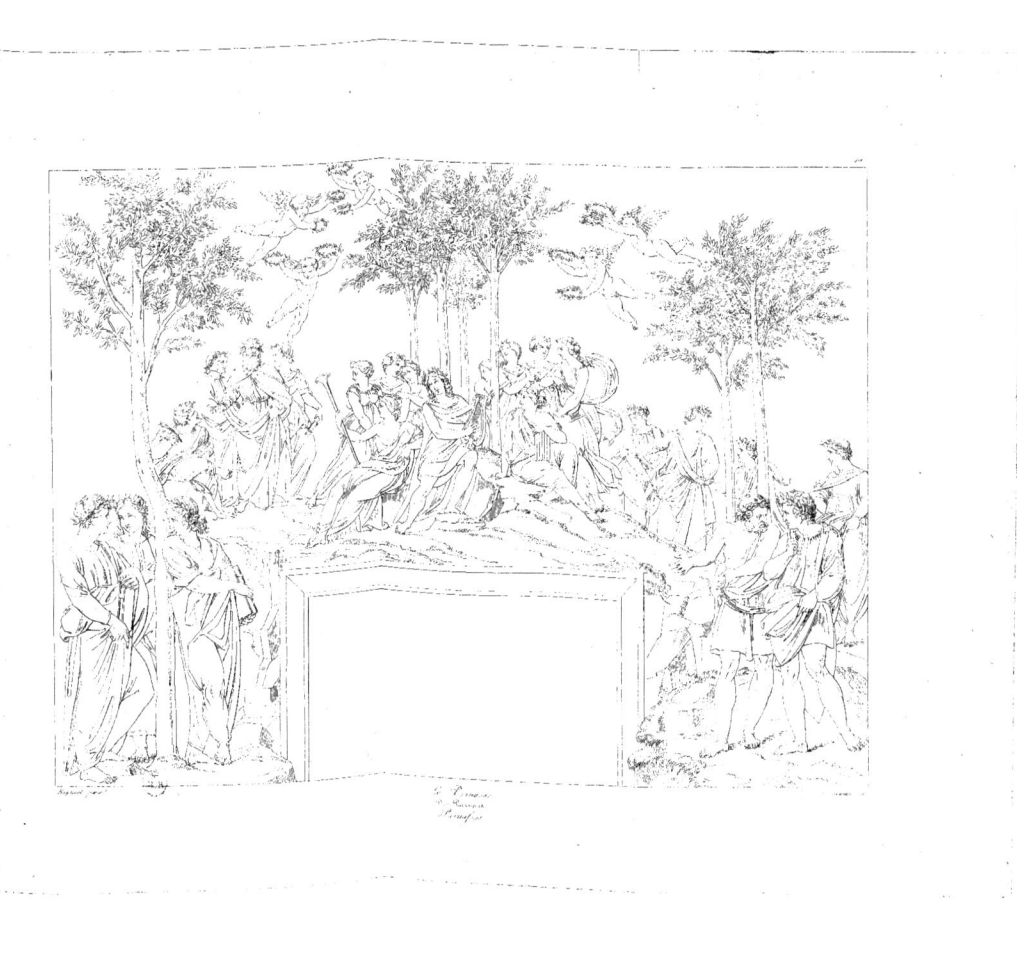

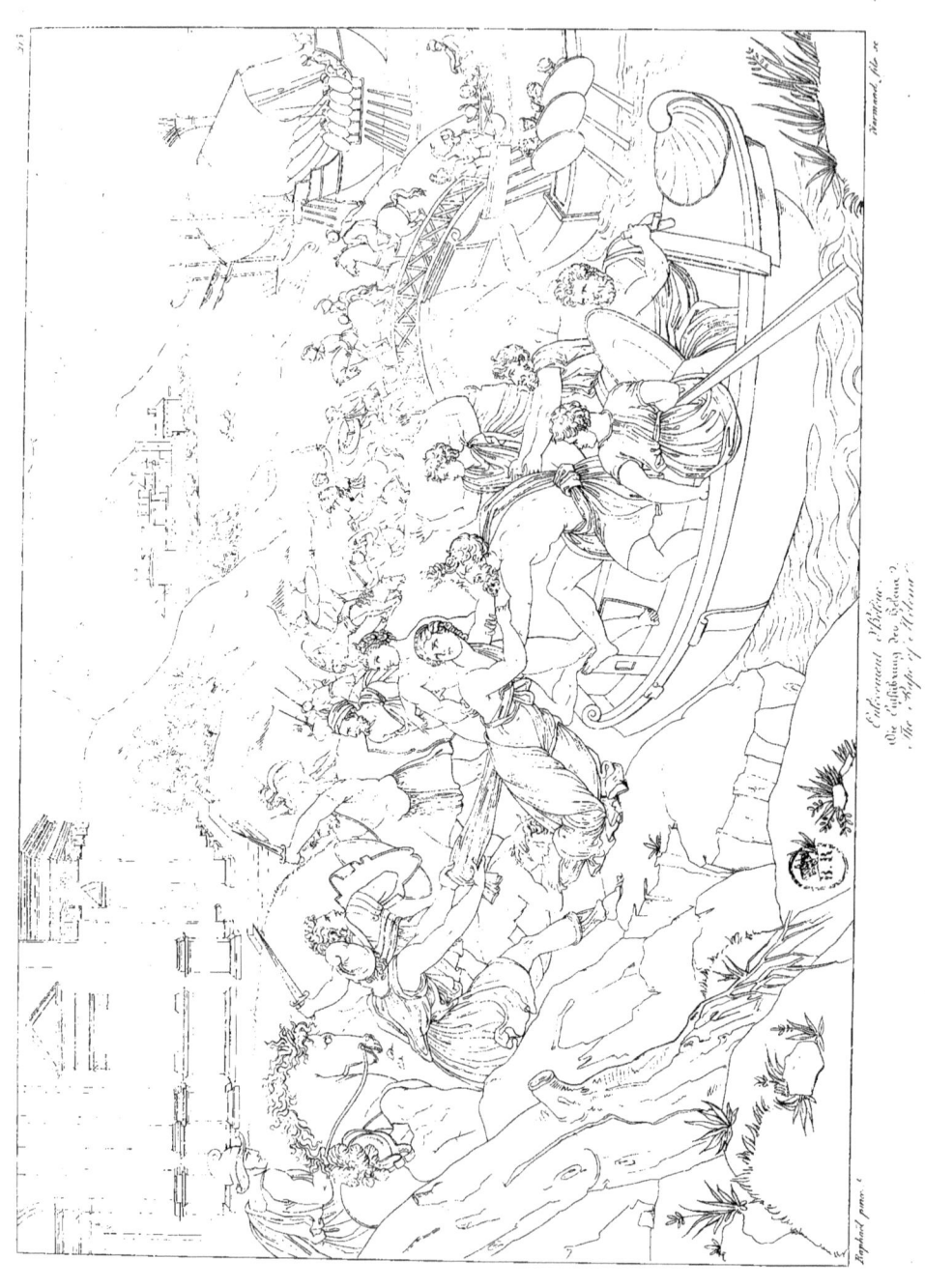

Enlèvement d'Hélène. Die Entführung der Helena. The Rape of Helena.

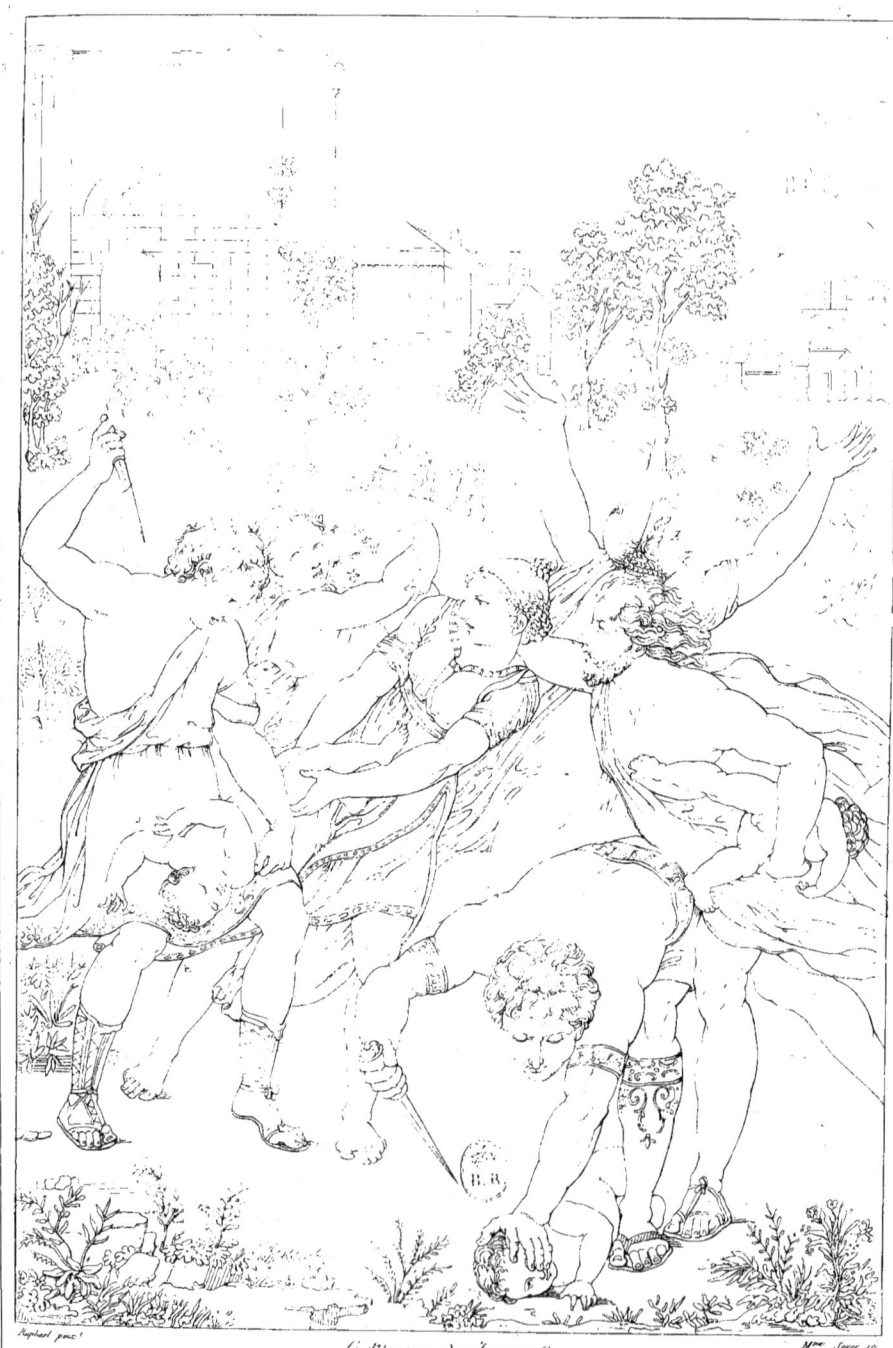

Le Massacre des Innocens.
Herodes Kindermord.
The Massacre of the Innocents.

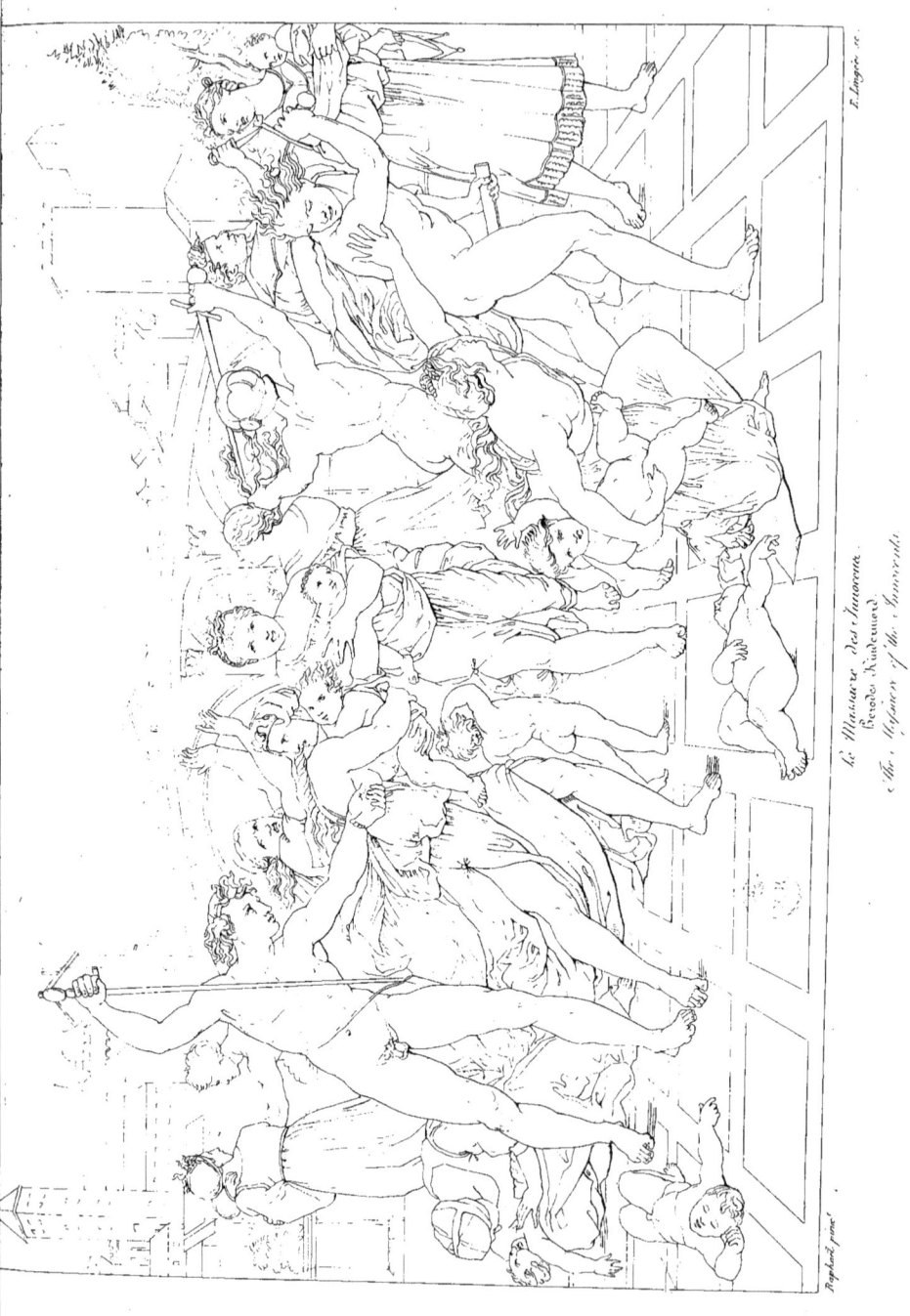

Raphael pinx.^t   E. Langier sc.

Le Massacre des Innocens.
(Berodes Kindermord.)
(The Massacre of the Innocents.)

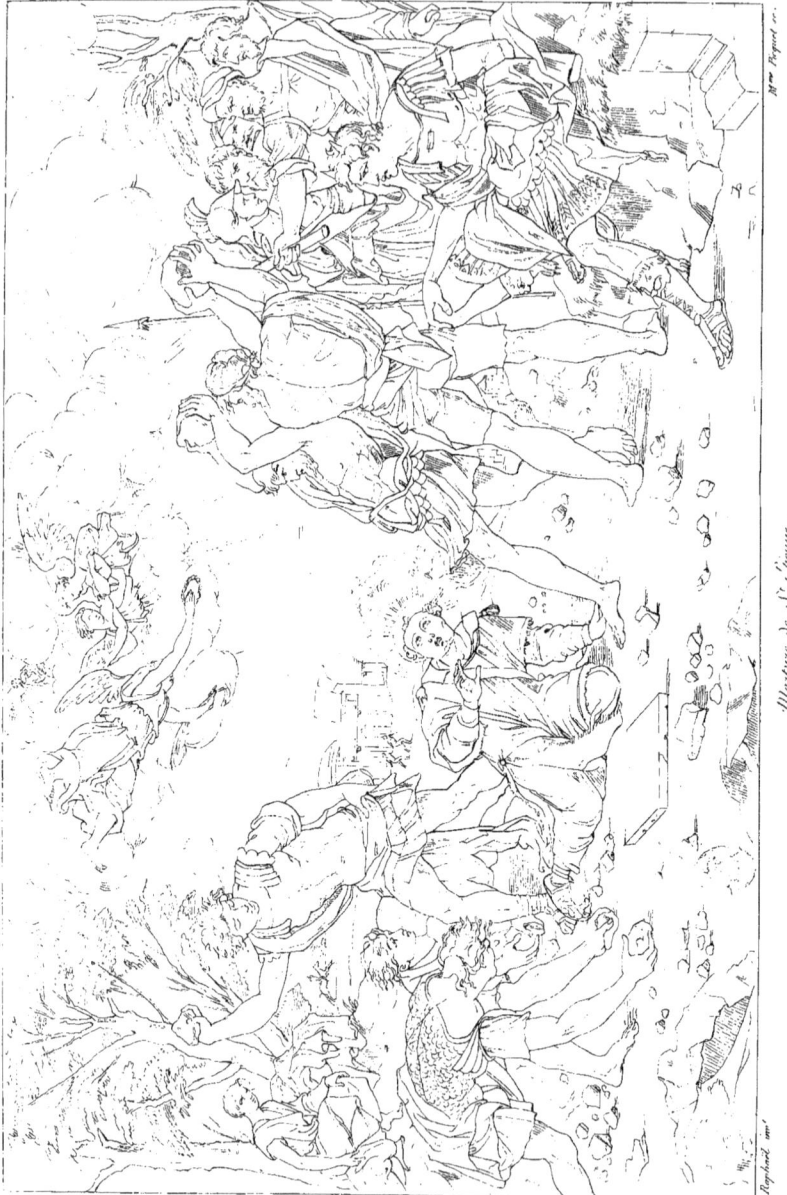

Martyre de St. Etienne.
Des Märtyrertod des Heiligen Stephanus.
S.t Stephanus v Martyrdom.

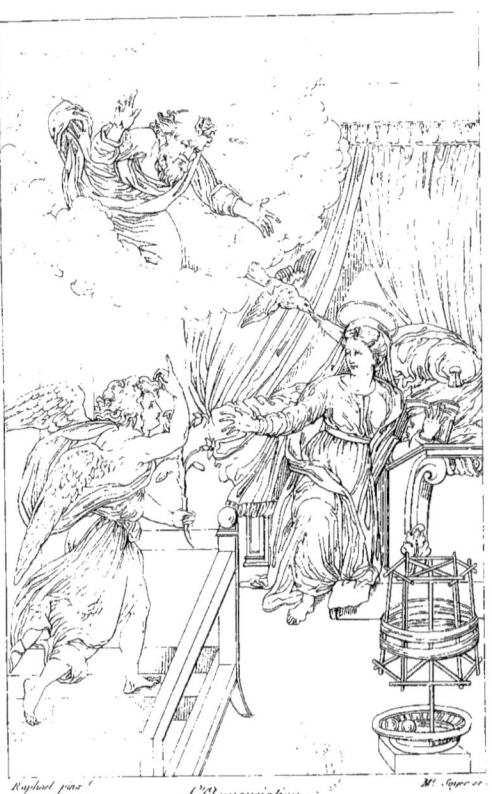

L'Annonciation.
Mariens Verkündigung.
The Annunciation.

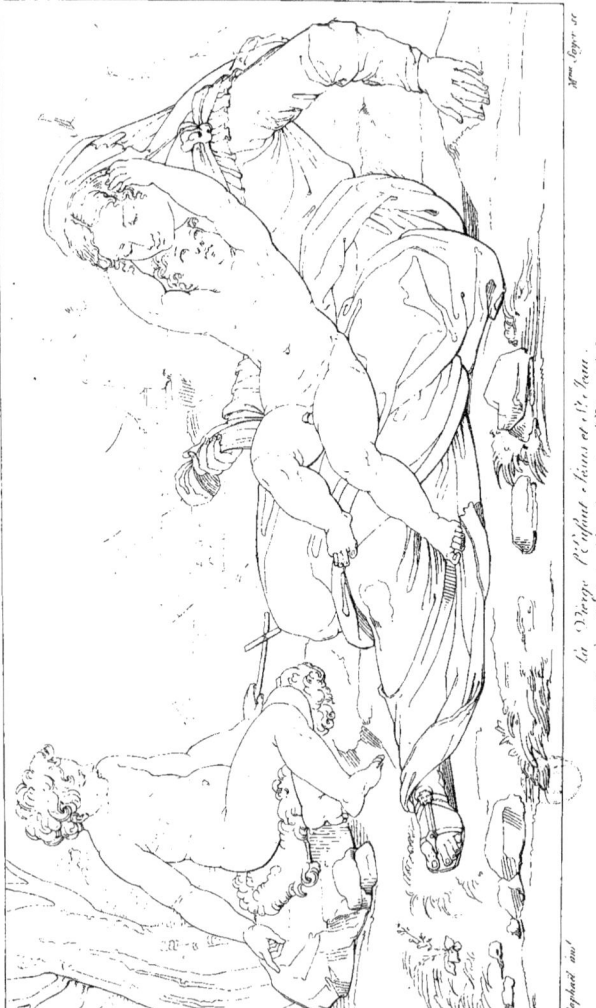

La Vierge, l'Enfant Jésus et St Jean.
Die Jungfrau Maria das Kind Jesus und der Kleine St Johannes.
The Virgin the Infant Jesus et the little St John.

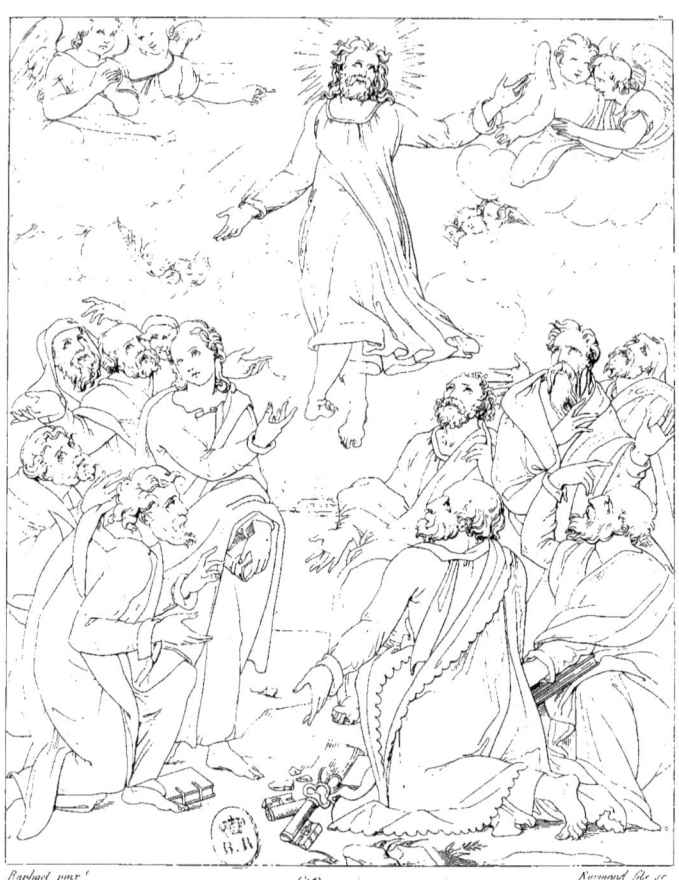

Raphael pinx.   L'Ascension.   Normand fils sc.
Die Himmelfahrt Christi.
The Ascension.

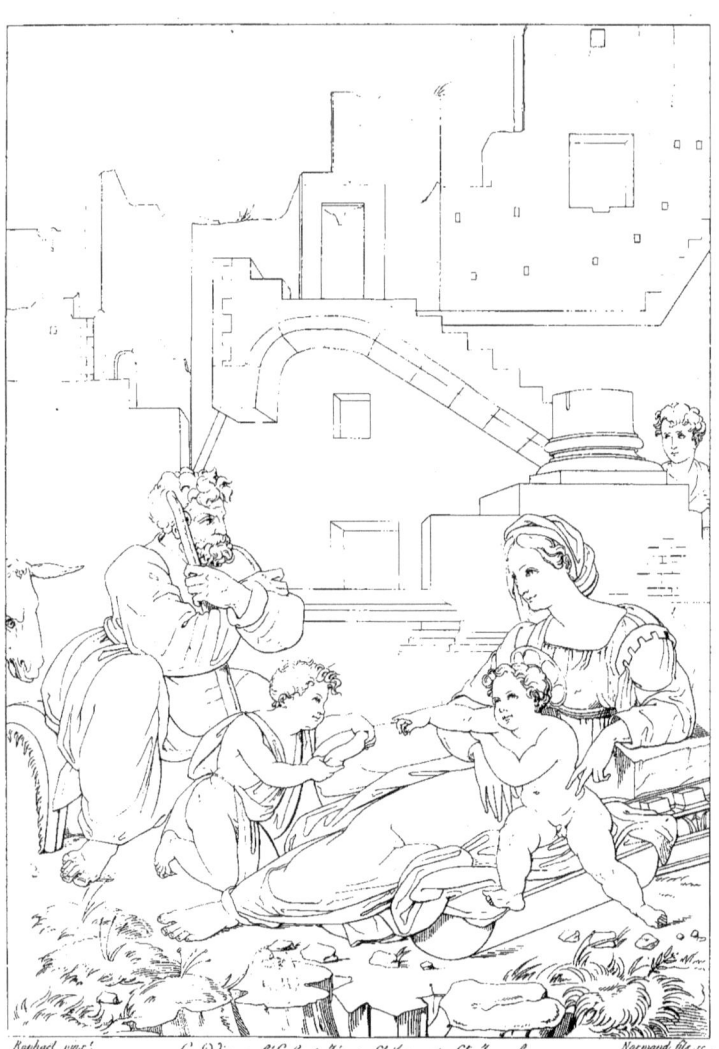

Raphael pinx.   La Vierge, l'Enfant Jésus, St. Jean et St. Joseph.   Normand fils sc.
Die Jungfrau Maria und das Kind Jesus St. Johannes und St. Joseph.
The Virgin & the Infant Jesus, St. John & St. Joseph.

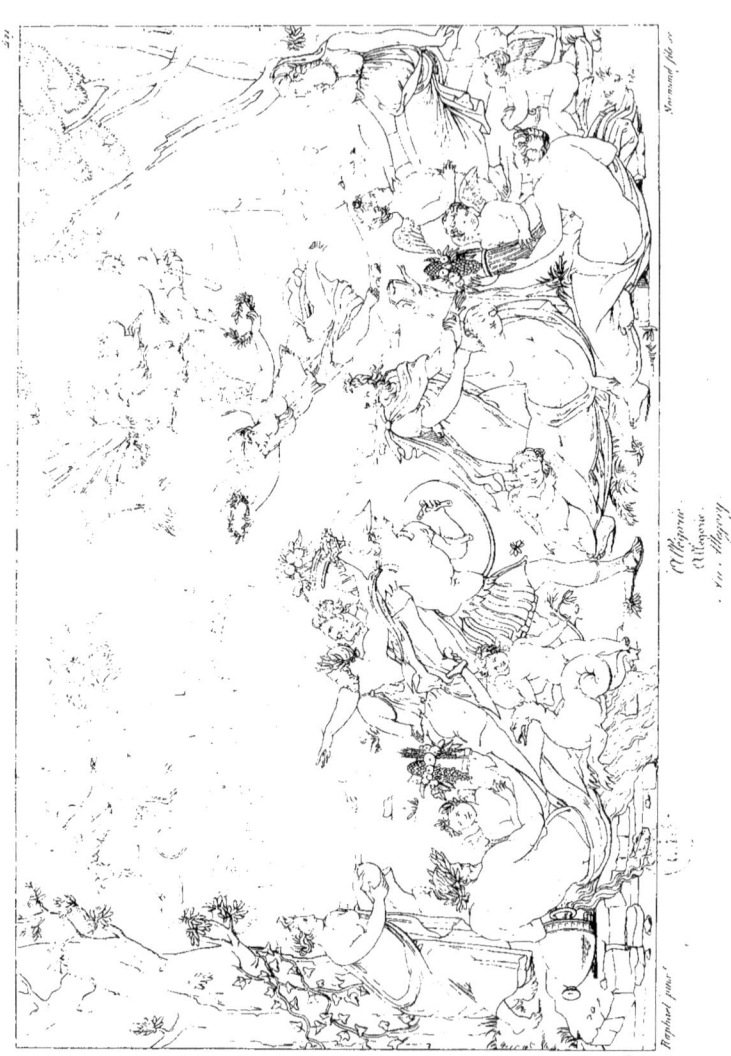

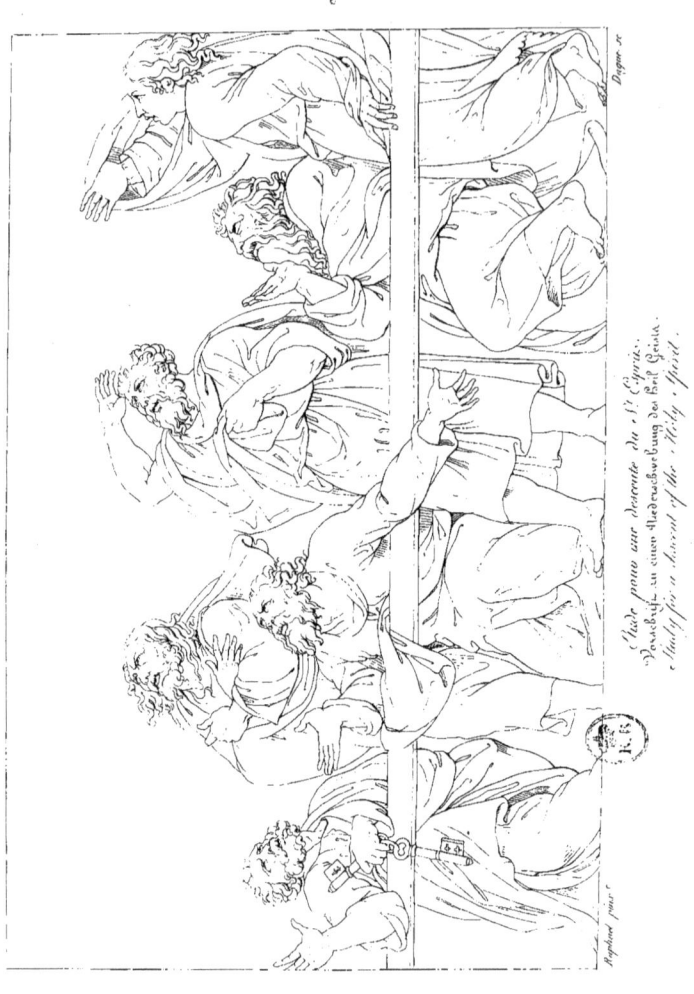

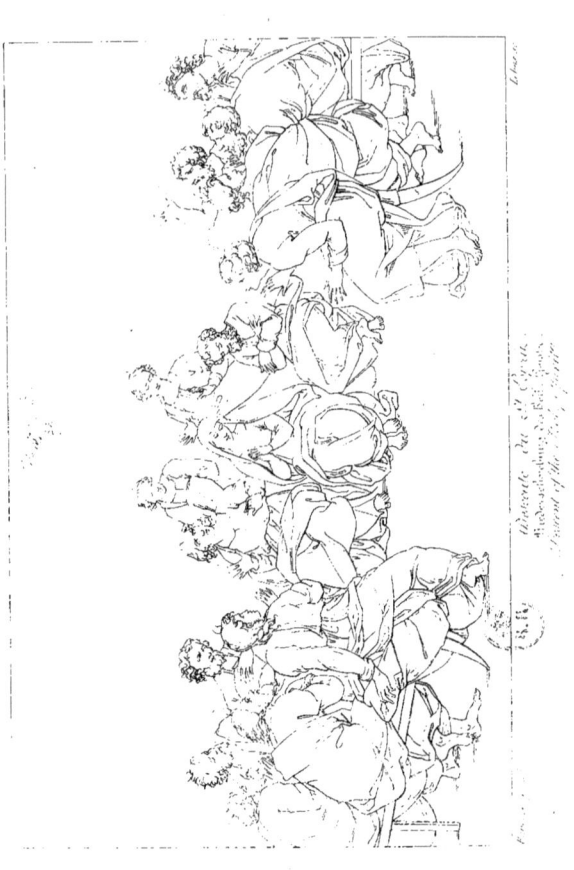

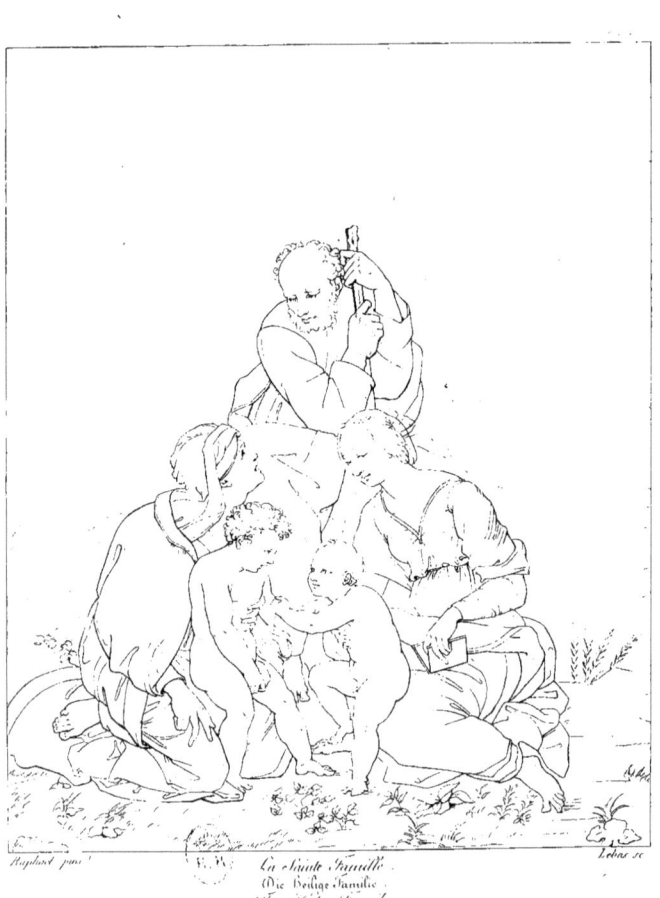

Raphael pinx. Lebas sc.

La Sainte Famille.
Die Heilige Familie.
The Holy Family.

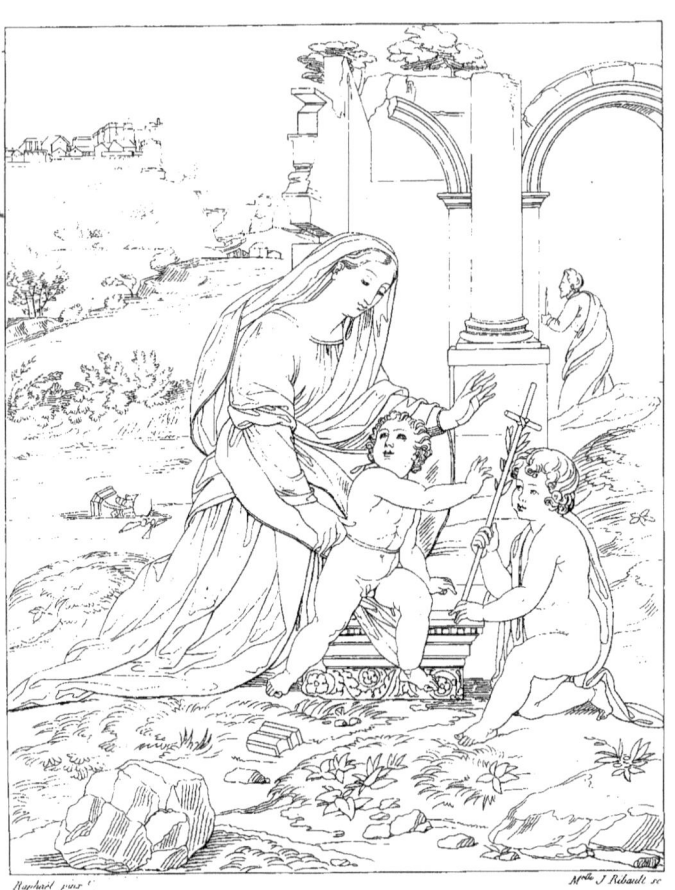

La Vierge, l'Enfant Jésus, St. Jean et St. Joseph.
Die Jungfrau Maria und das Kind Jesus St. Johannes und St. Joseph.
The Virgin & the Infant Jesus, St. John & St. Joseph.

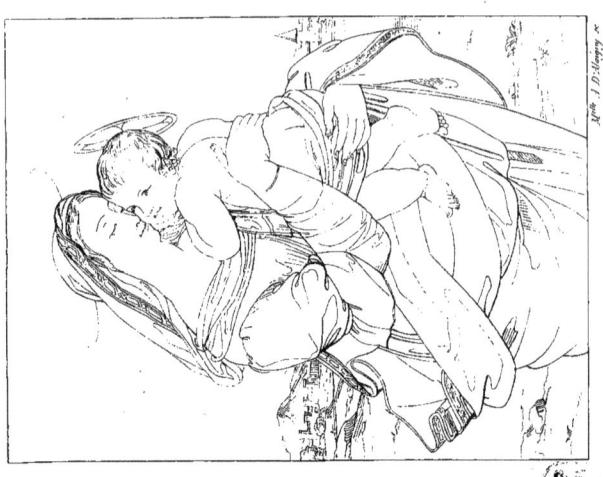

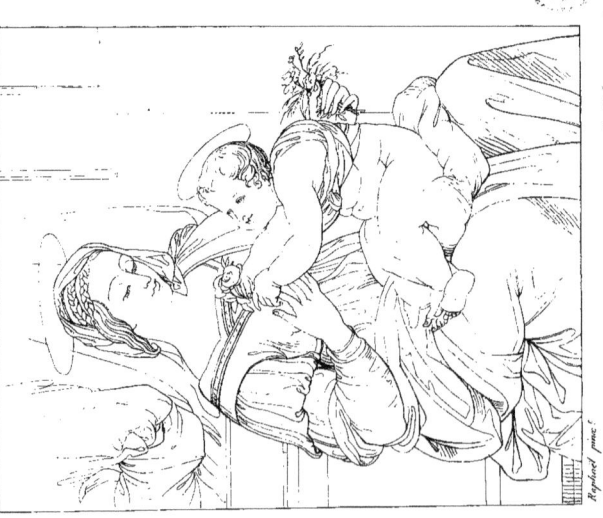

La Vierge et l'Enfant Jésus.
Die Jungfrau Maria und das Kind Jesus.
The Virgin & the Infant Jesus.

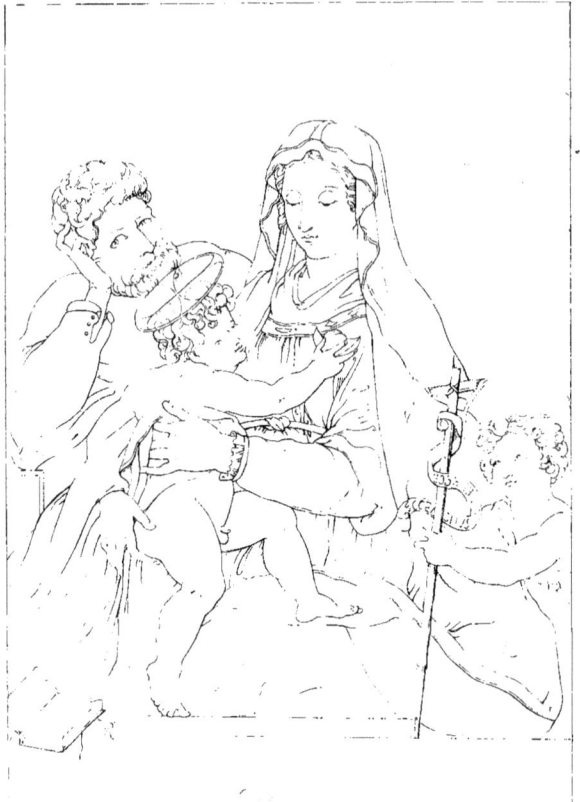

Raphael pinx.^t   Mme Soyer sc.

La Vierge, l'Enfant Jesus, St Jean et St Joseph.
Die Jungfrau Maria und das Kind Jesus, St Johannes und St Joseph.
The Virgin & the Infant Jesus, St John & St Joseph.

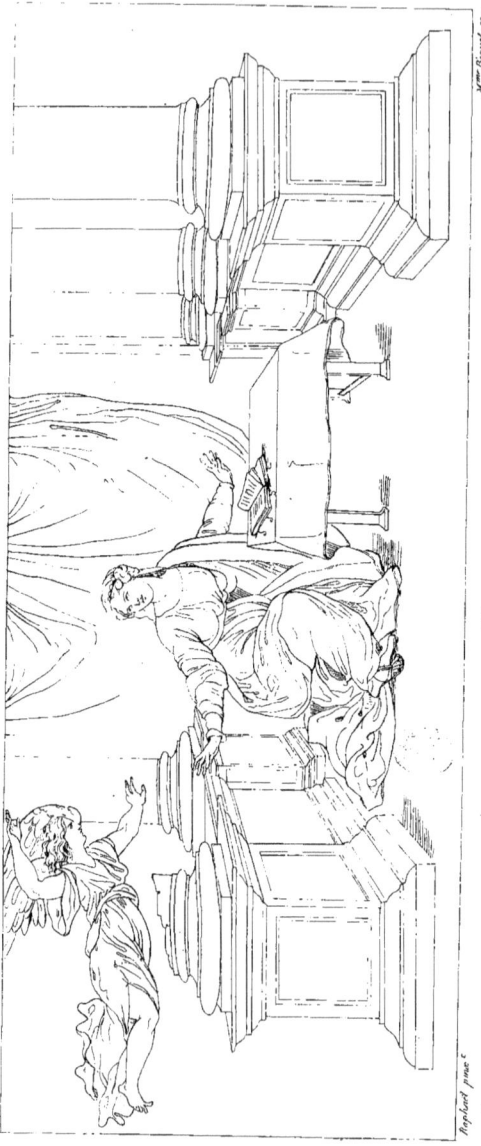

L'Annonciation.
Mariens Verkündigung.
The Annunciation.

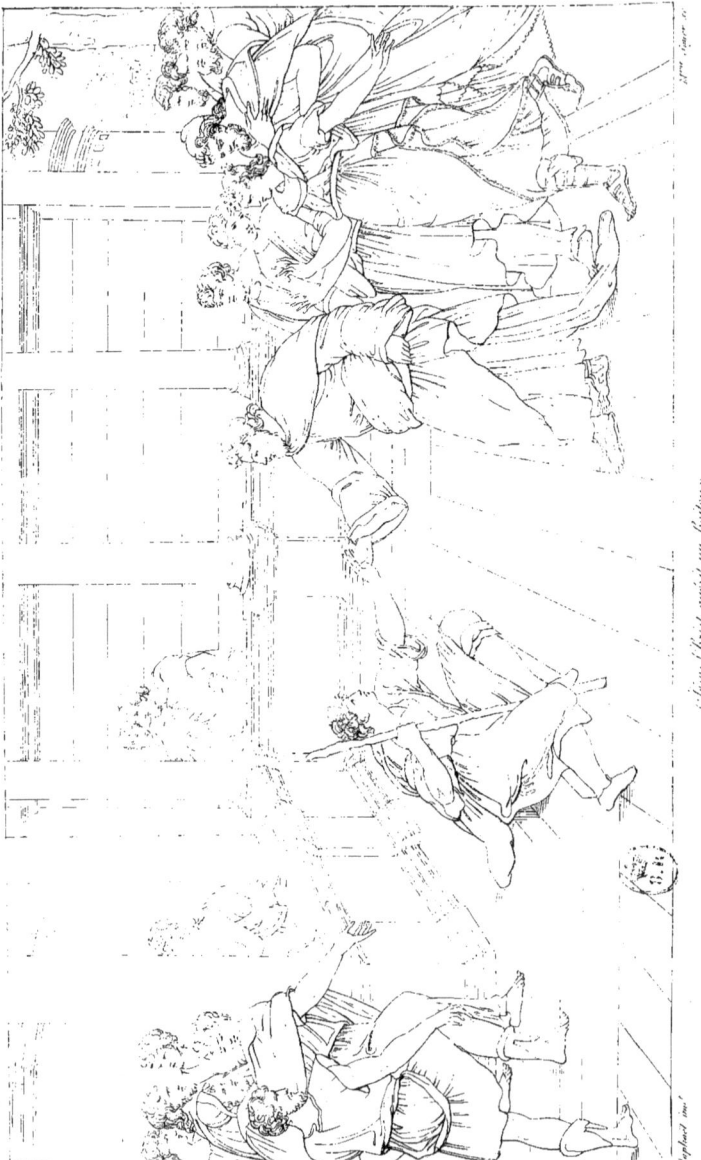

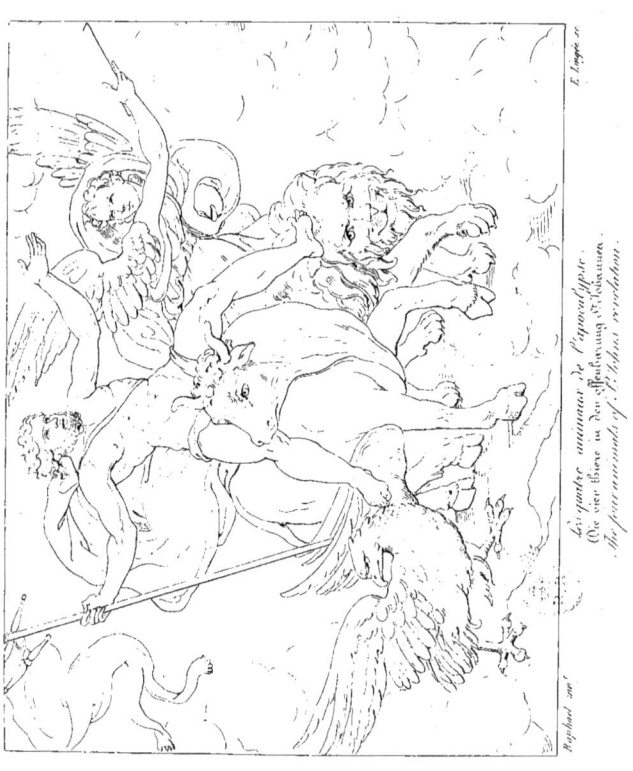

430

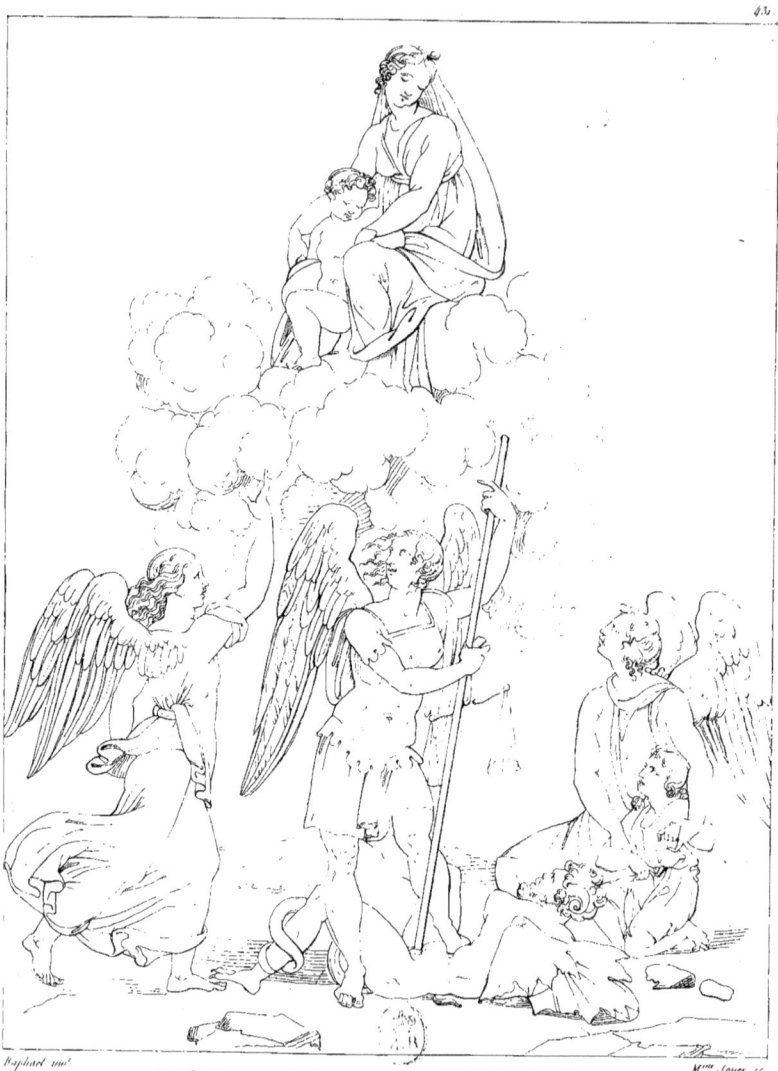

Ste Famille avec trois Archanges, Michel, Gabriel et Raphael.
Die heilige Familie nebst den drey Erzengeln Michael, Gabriel und Raphael.
The Holy Family, with St. Michel, Gabriel & Raphael three Archangels.

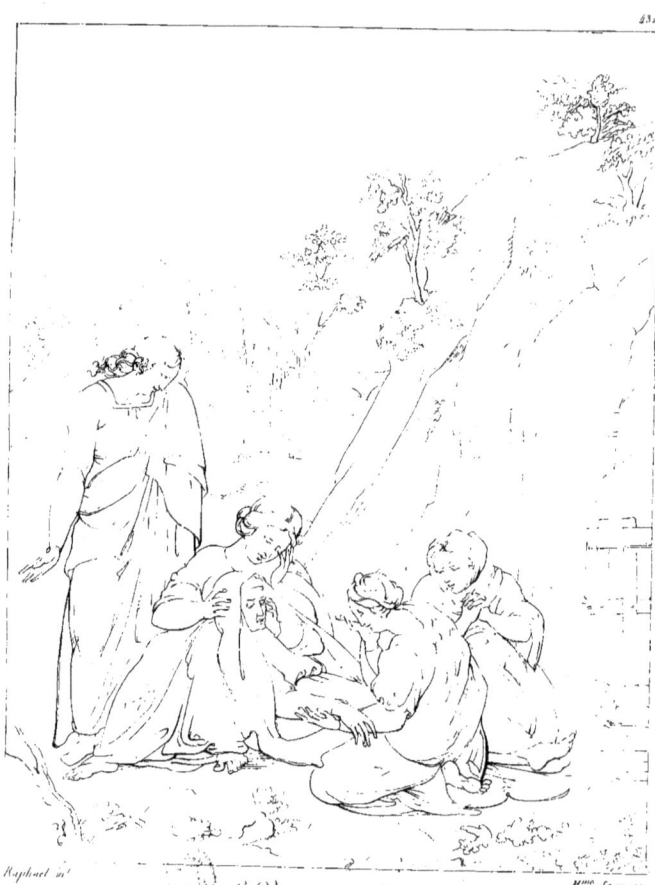

La Vierge au tombeau.
Die heilige Jungfrau im Grabe.
The Holy Virgin in the tomb.

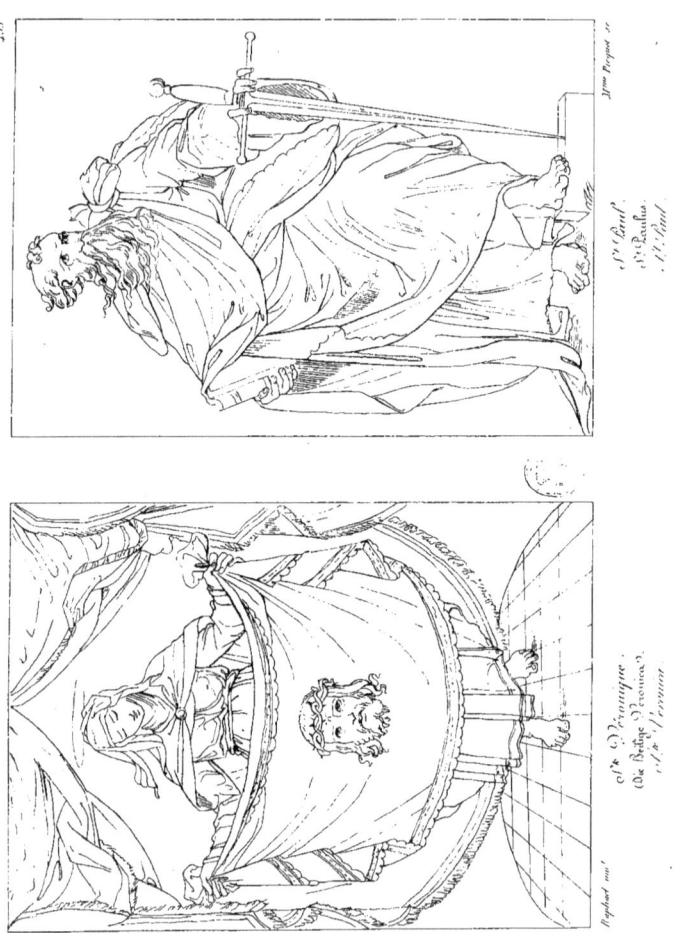

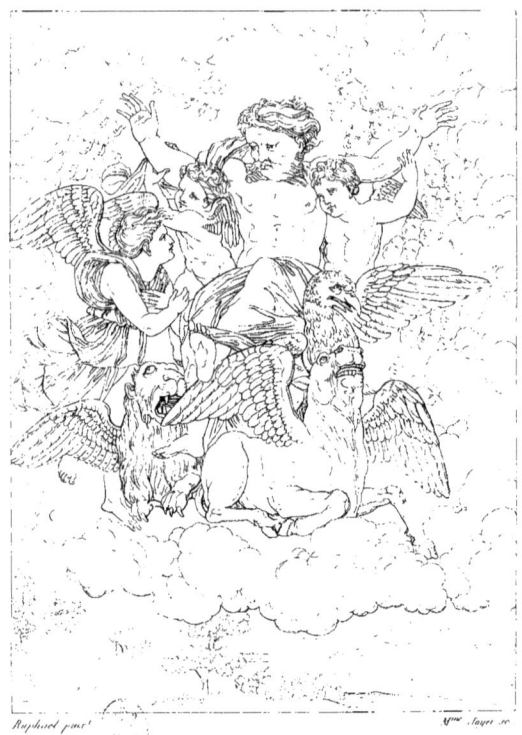

Raphael pinx.
Mme Soyer sc.

La Vision d'Ezéchiel.
Das Gesicht Ezechiels.
The Vision of Ezechiel.

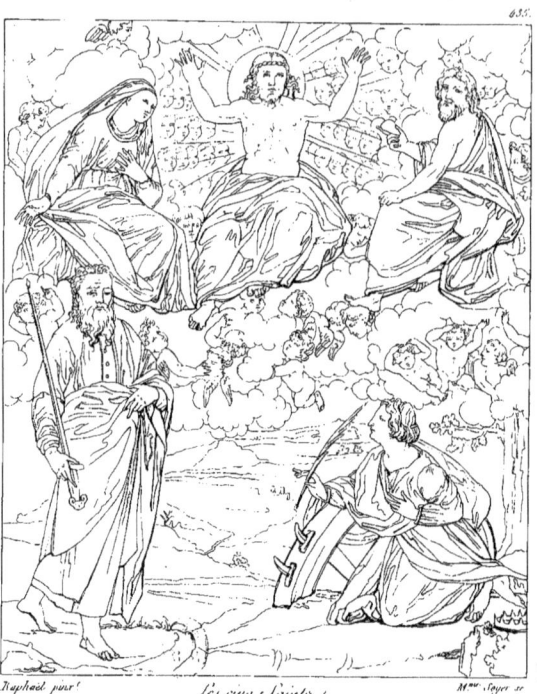

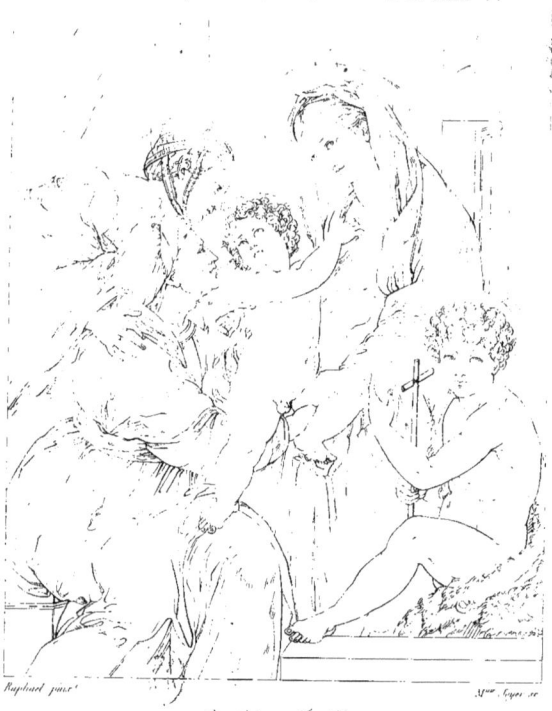

Raphael pinx.t　　　　　Mme Soyer sc.

La Sainte Famille
Die Heilige Familie
The Holy Family

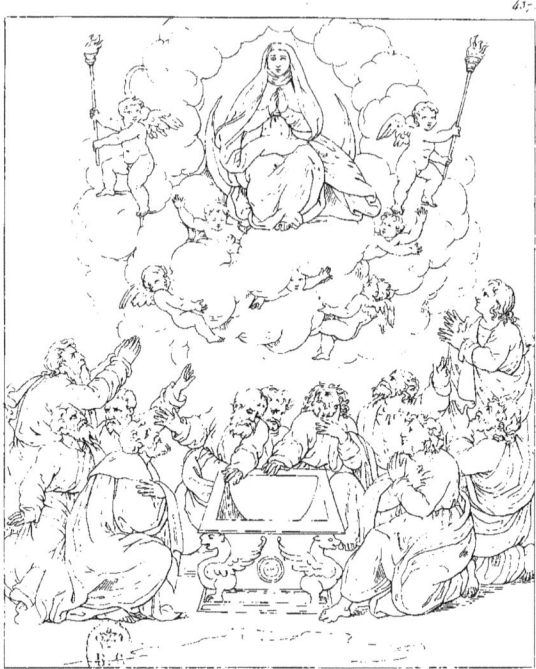

Raphael pinx.   L'Assomption de la Vierge.   Vogue sc.
Die Himmelfahrt der Jungfrau Maria.
The Assumption of the Virgin.

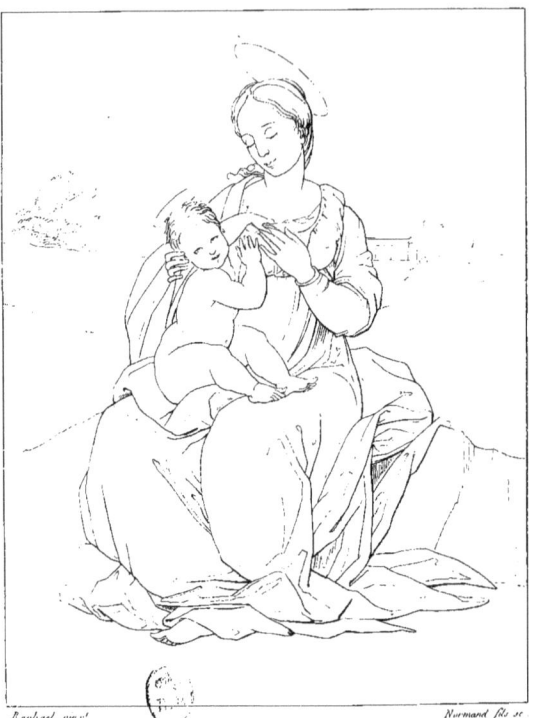

Raphael pinx.t Normand fils sc.

La Vierge et l'Enfant Jésus.
Die Jungfrau Maria und das Kind Jesus.
The Virgin & the Infant Jesus.

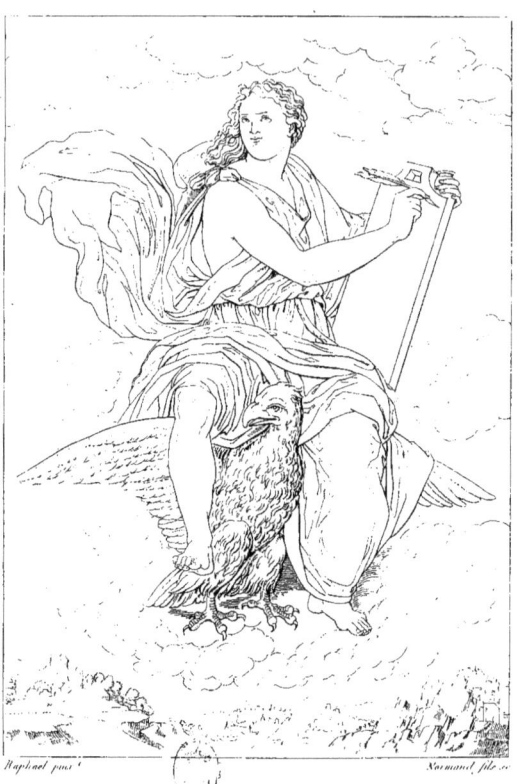

Raphael pinx. *Normand fils sc.*

St. Jean l'Évangéliste.
S. Johannes der Evangelist.
St. John the Evangelist.

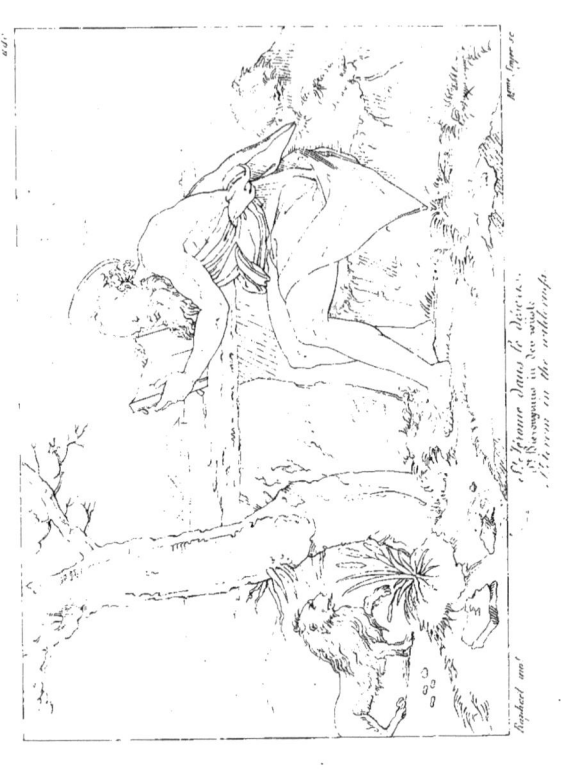

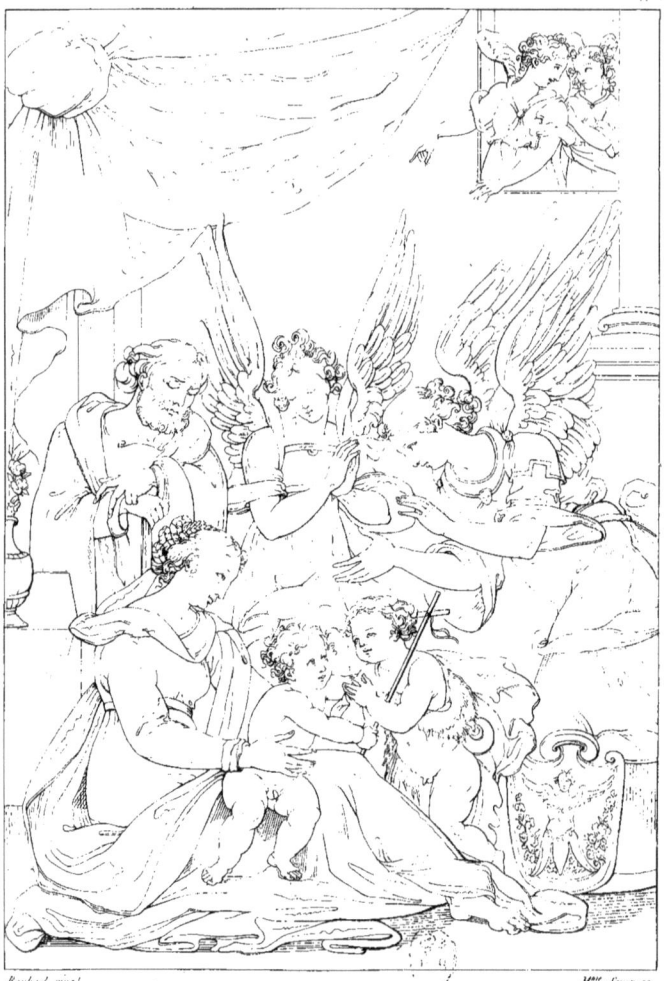

Raphael pinx.' Mme Soyer sc.

La Vierge, l'Enfant Jésus, St. Jean, St. Joseph et deux Anges.
Die Heil. Jungfrau, das Kind Jesus, S. Johannes, S. Joseph, und zwey Engel.
The Holy Virgin, the Infant Jesus, St. John, St. Joseph & two Angels.

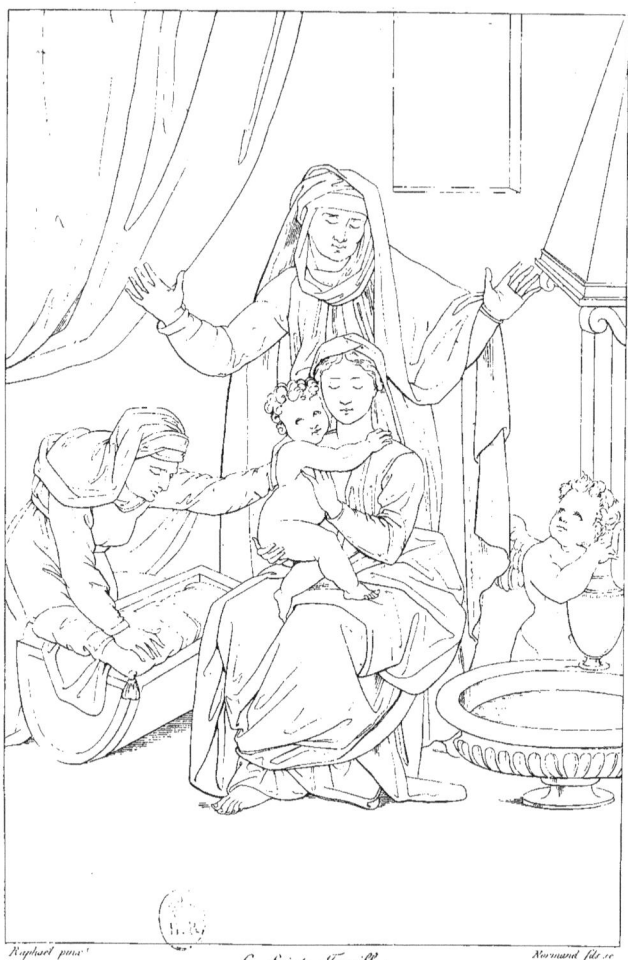

La Sainte Famille.
Die Heilige Familie.
The Holy Family.

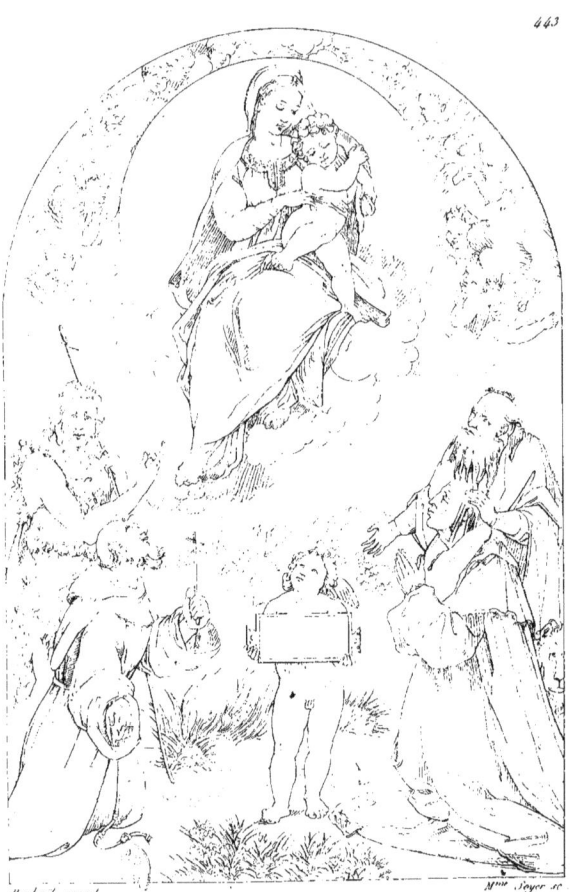

La Madone de Foligno.
Die Madonna von Foligno.
The Madonna of Foligno.

Allegoria. Allegorie. An Allegory.

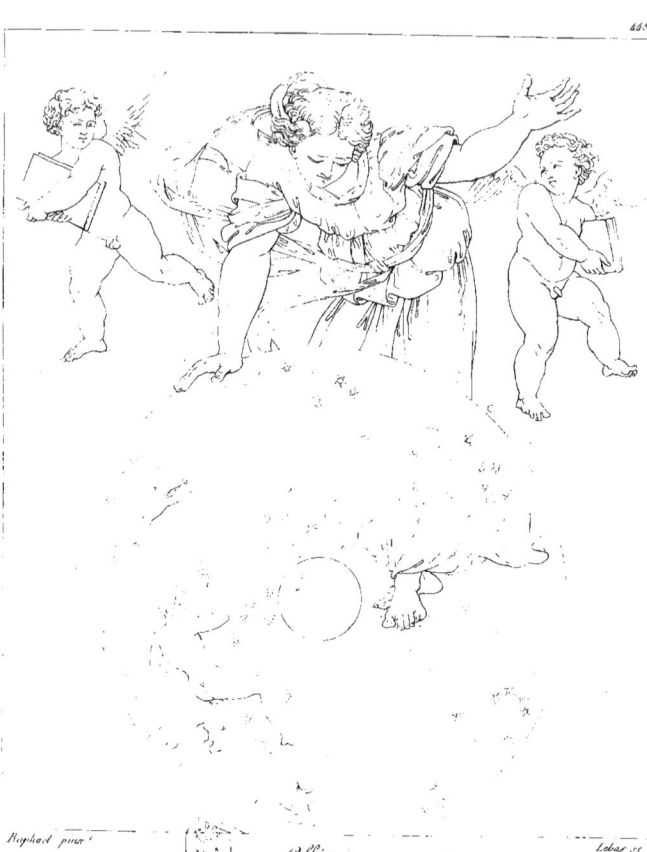

Raphael pinx. Lebas sc.

Allégorie.
Allegoria.
An Allegory.

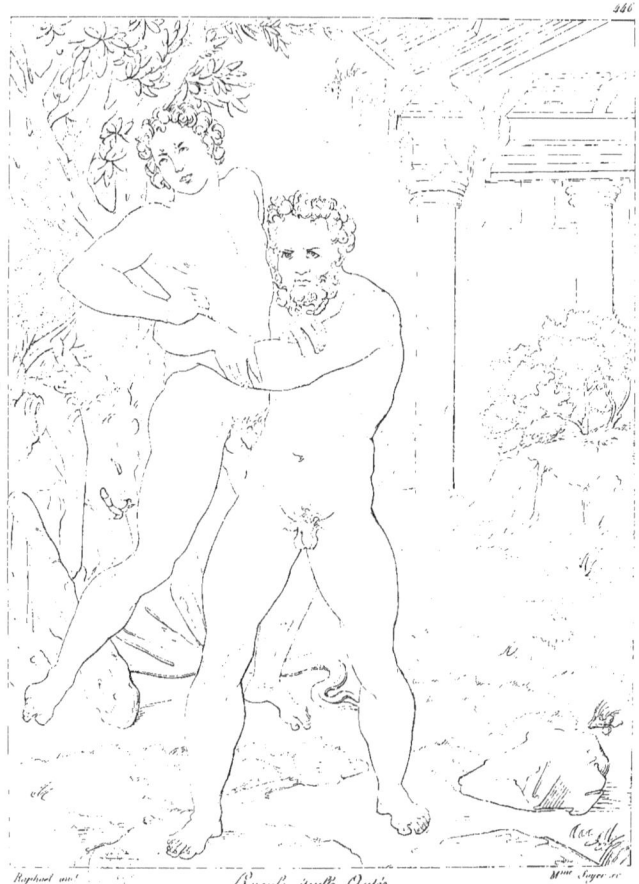

Hercule étouffe Antée.
Hercules der den Antäus erdrückt.
Hercules stifling Antheus.

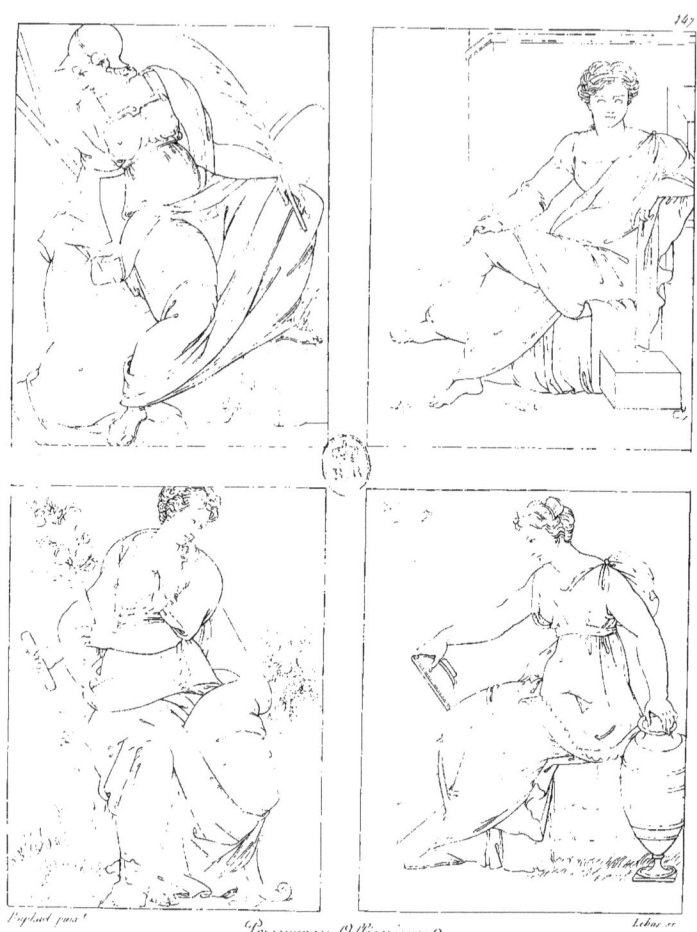

Personnages Allégoriques.
Allegorische Darstellungen.
Allegorical Images.

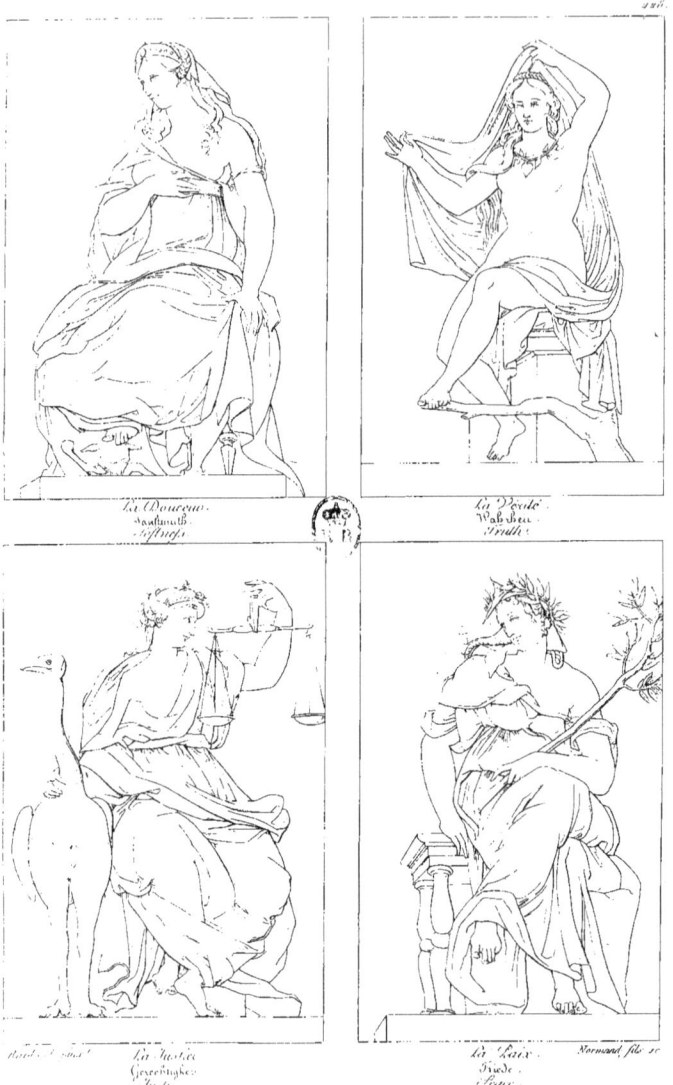

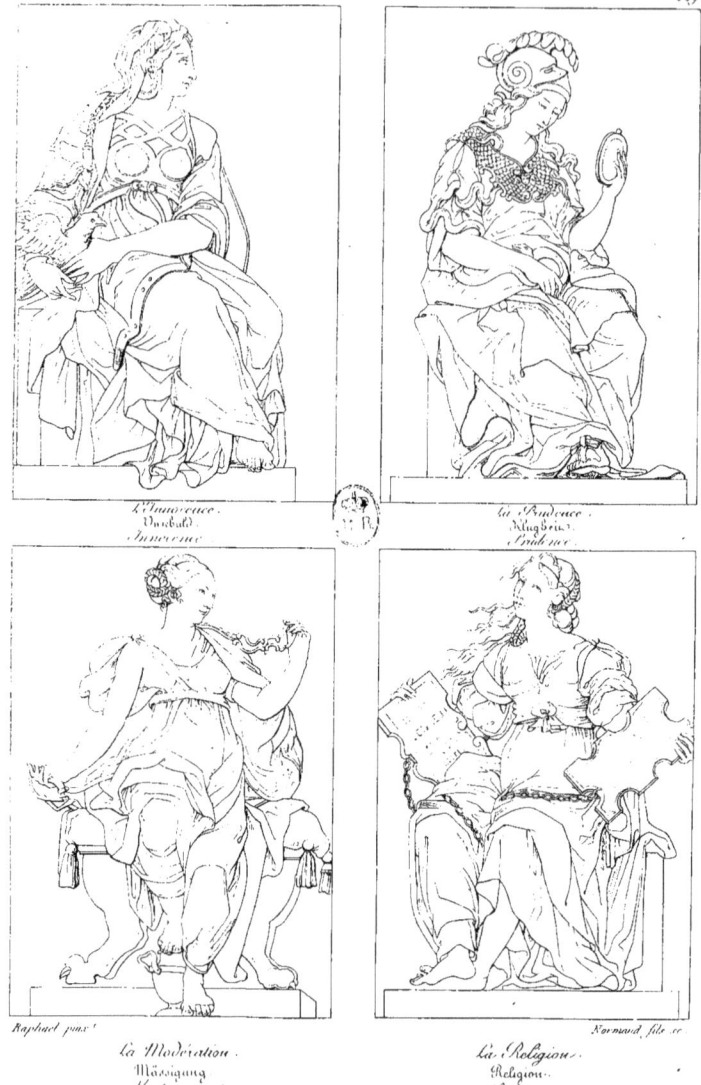

L'Innocence. — Innocence.

La Prudence. — Prudence.

La Modération. — Mässigung. — Moderation.

La Religion. — Religion.

Raphaël pinx. Normand fils sc.

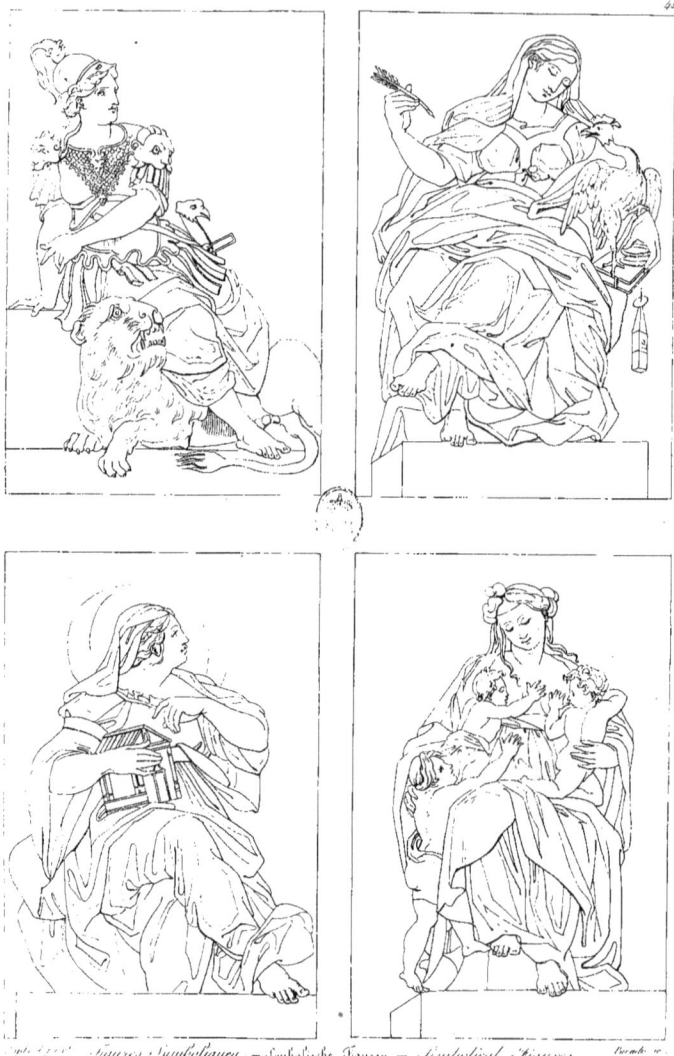

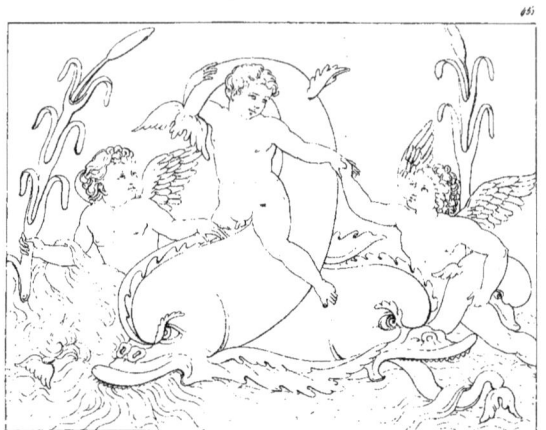

Amours et Dauphins.
Liebes götter und Delphine.
Cupids and Dolphins.

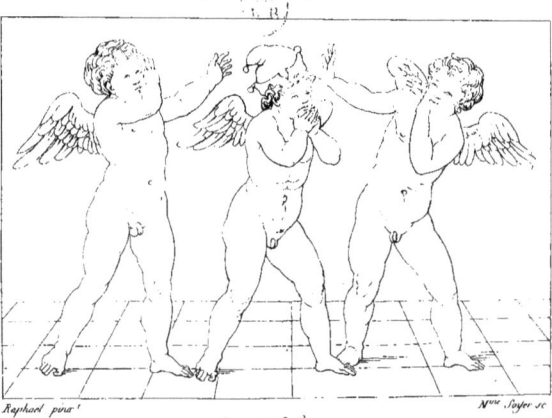

Raphael pinx. Mme Soyer sc.

Jeux d'Enfans.
Kinder Spiele.
Children Playing.

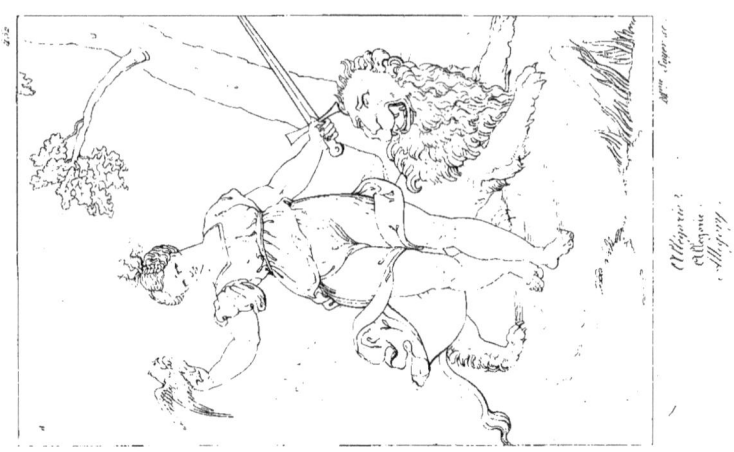

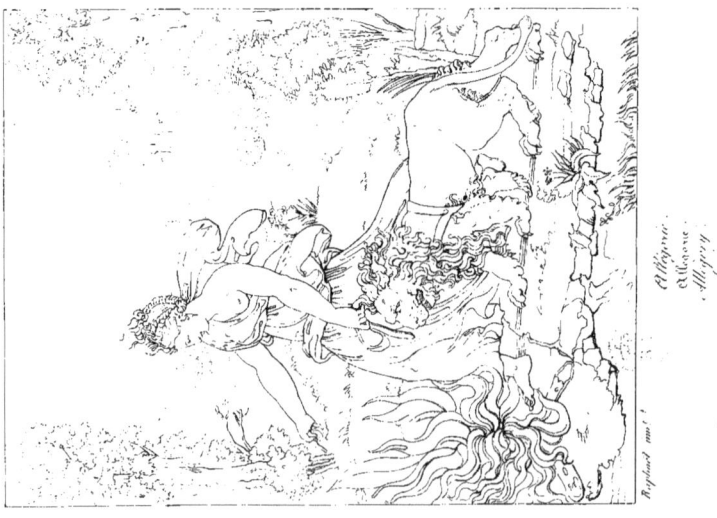

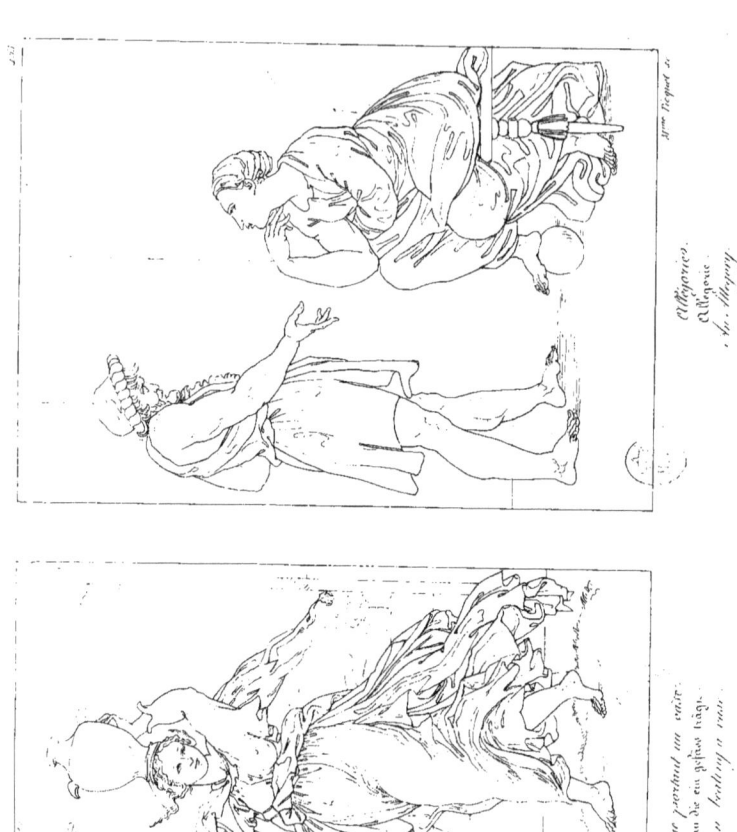

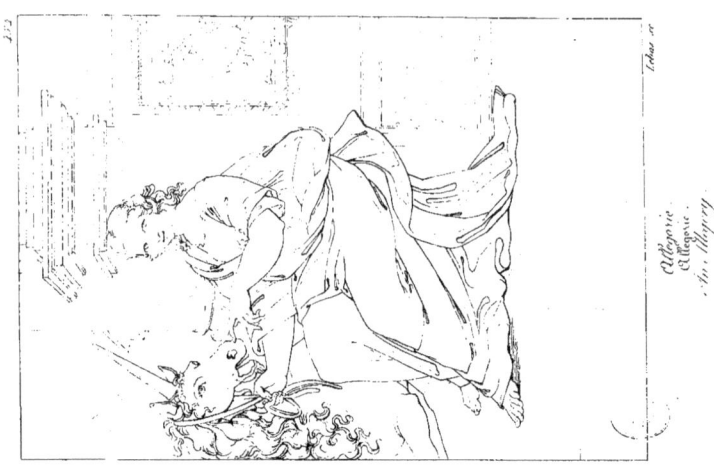

Composition (Allegorique)
Allegorische Zusammensetzung.
Allegorical Composition.

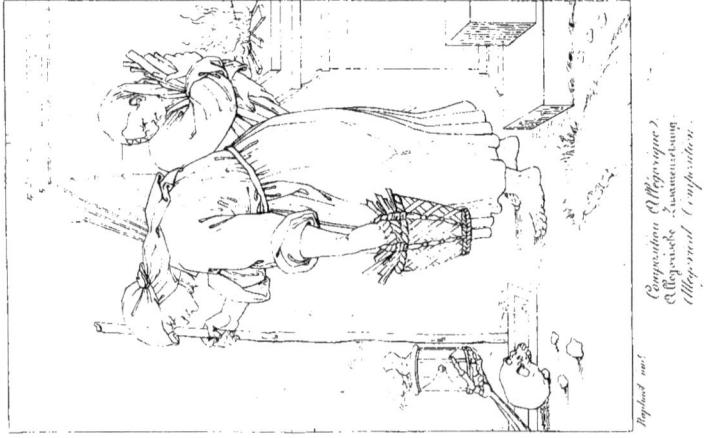

Allégorie
Allegorie.
An Allegory.

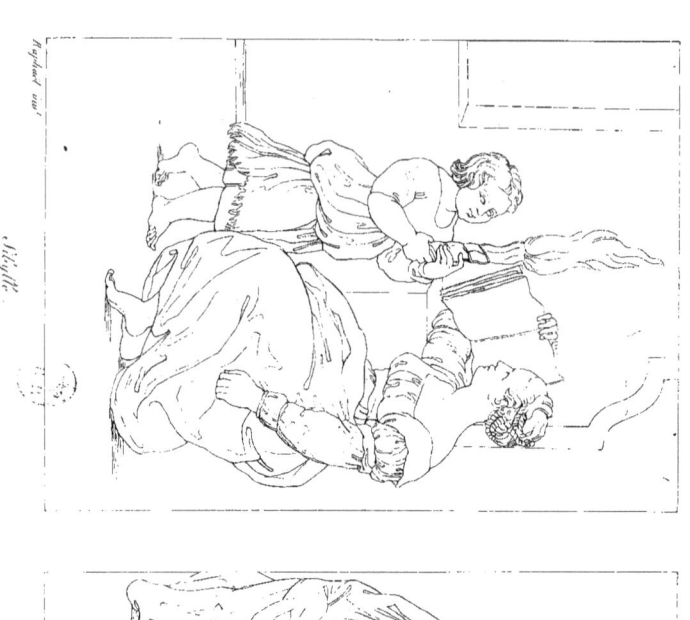

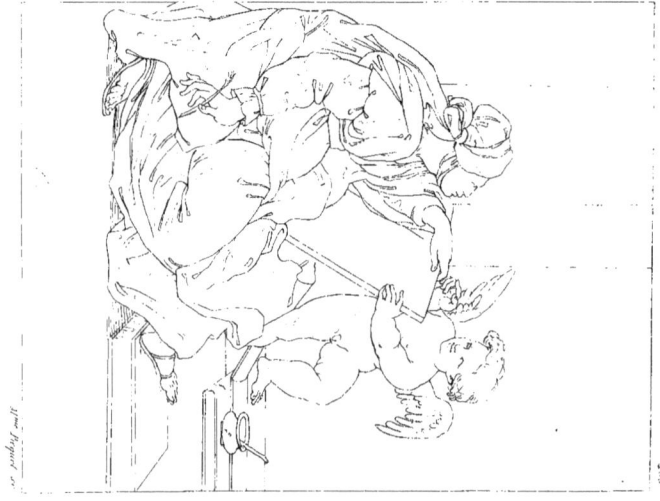

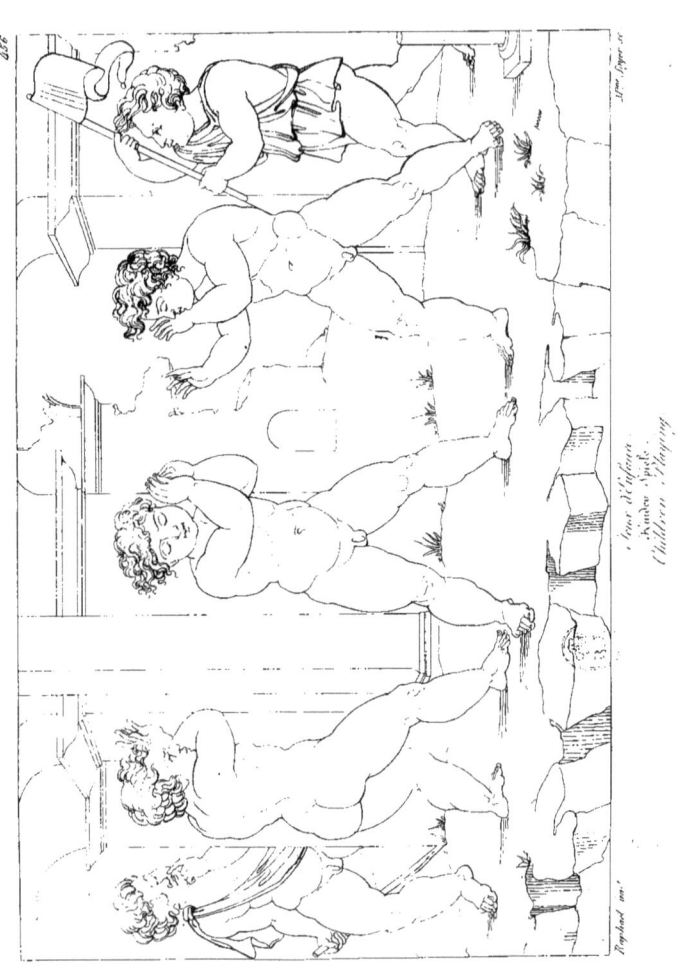

Raphael inv.t   Henry Copper sc.

Jeux d'enfans.
Bambin Giuochi.
Children Playing.

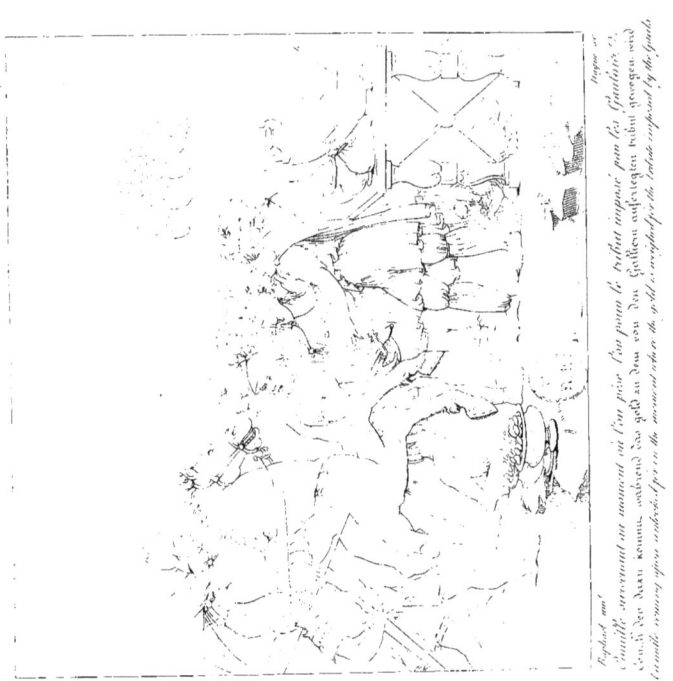

Raphael inv.

Camille survenant au moment où l'on pèse l'or pour le tribut imposé par les Gaulois à Rome. Par leur usurier, rabaissent les poids au Dieu des Gaulois auxquels les tribut foregne sera bientôt remises après entendre, par ce moment où il s'empare par la table imposée by the Gauls.

1.ʳᵉ Heure du Jour.
1.ᵉ Stunde des Tags.
1. Hour of the Day.

2.ᵉ Heure du Jour.
2.ᵉ Stunde des Tags.
2. Hour of the Day.

Raphael pinx.ᵗ
Mme. Prégaré sc.

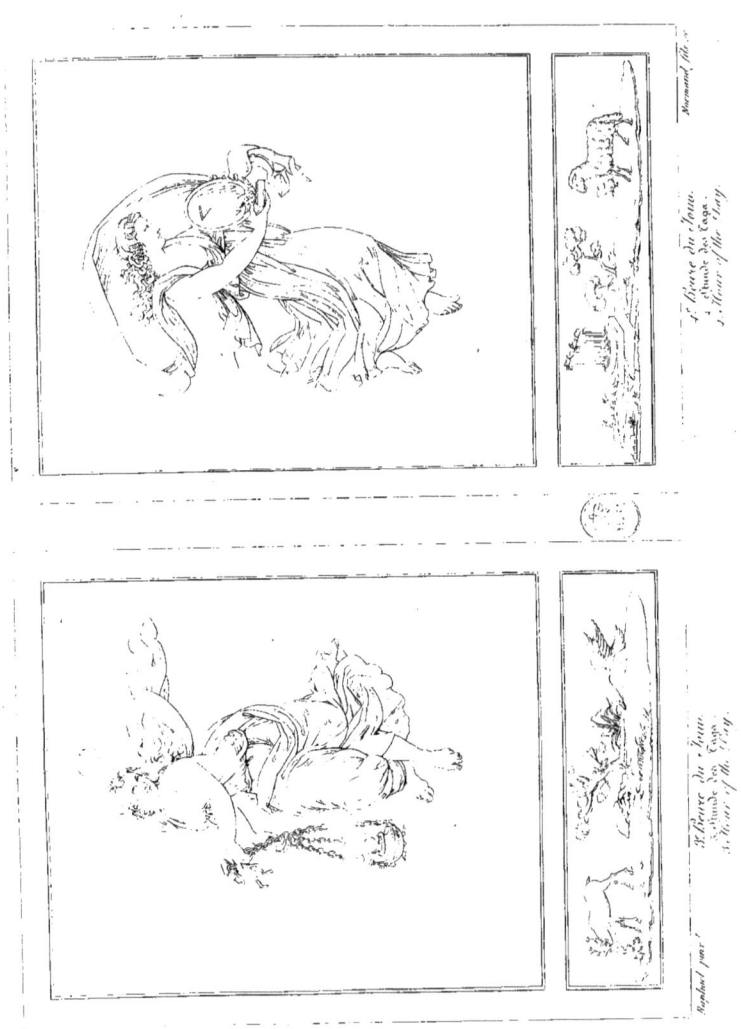

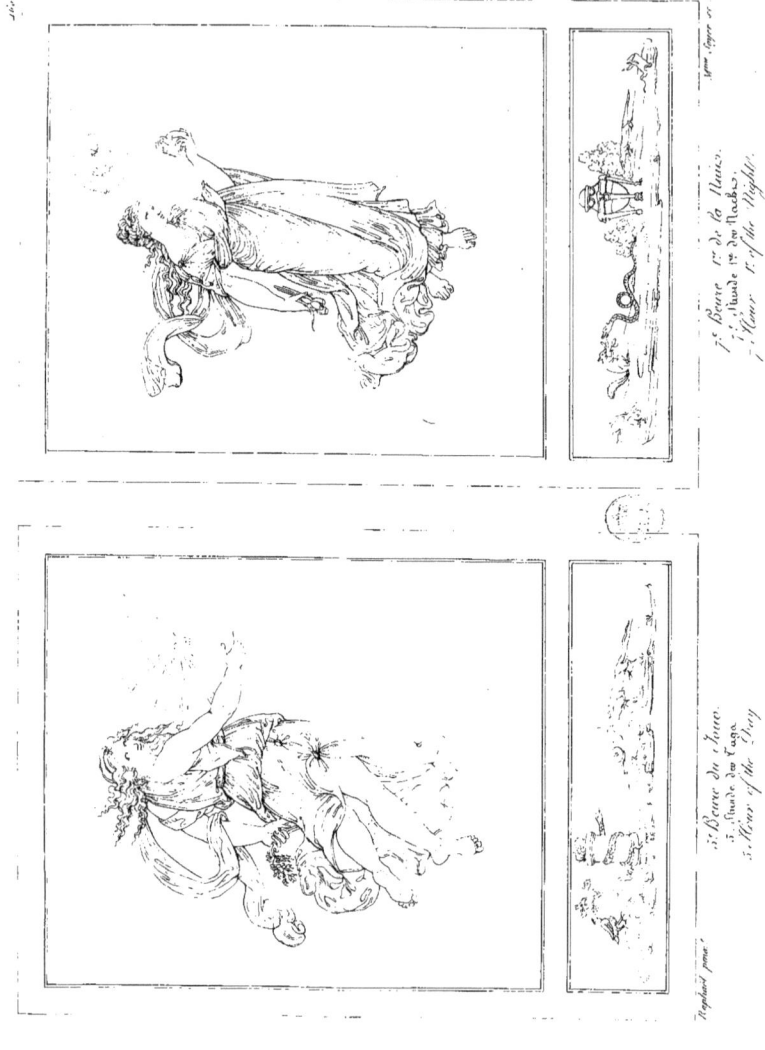

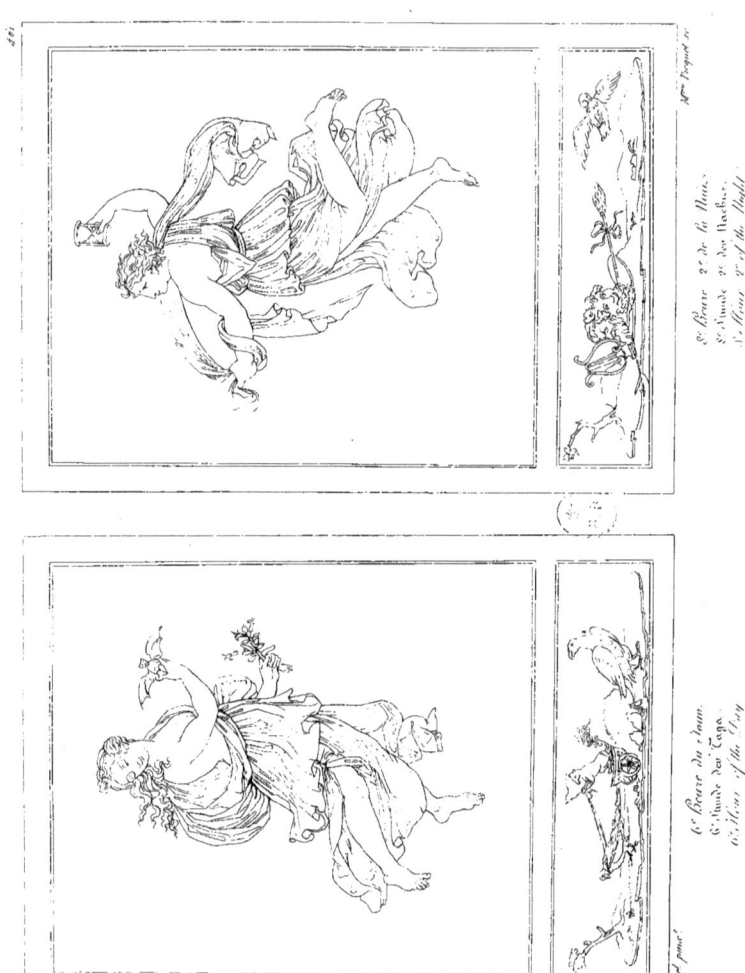

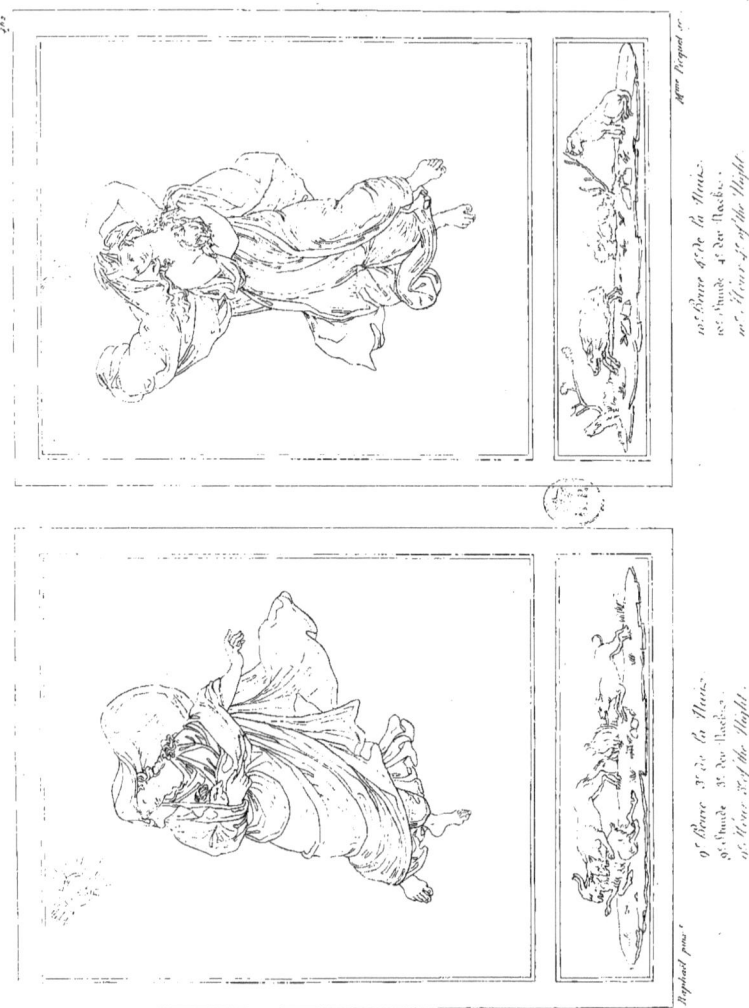

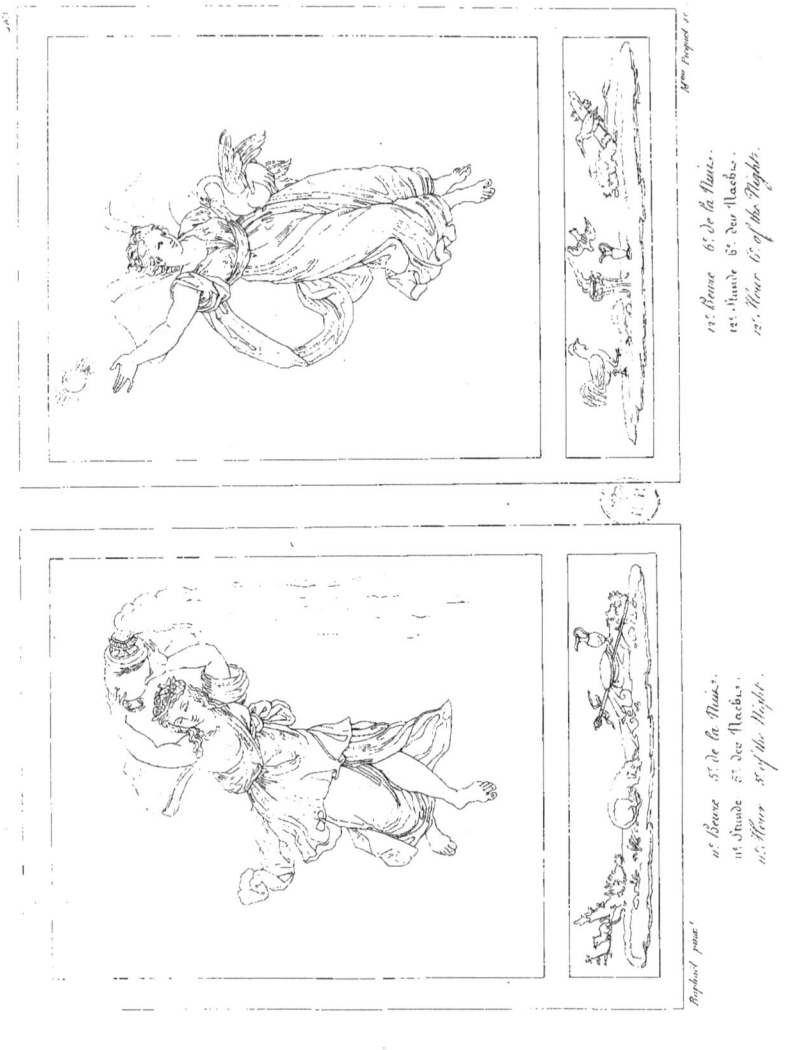

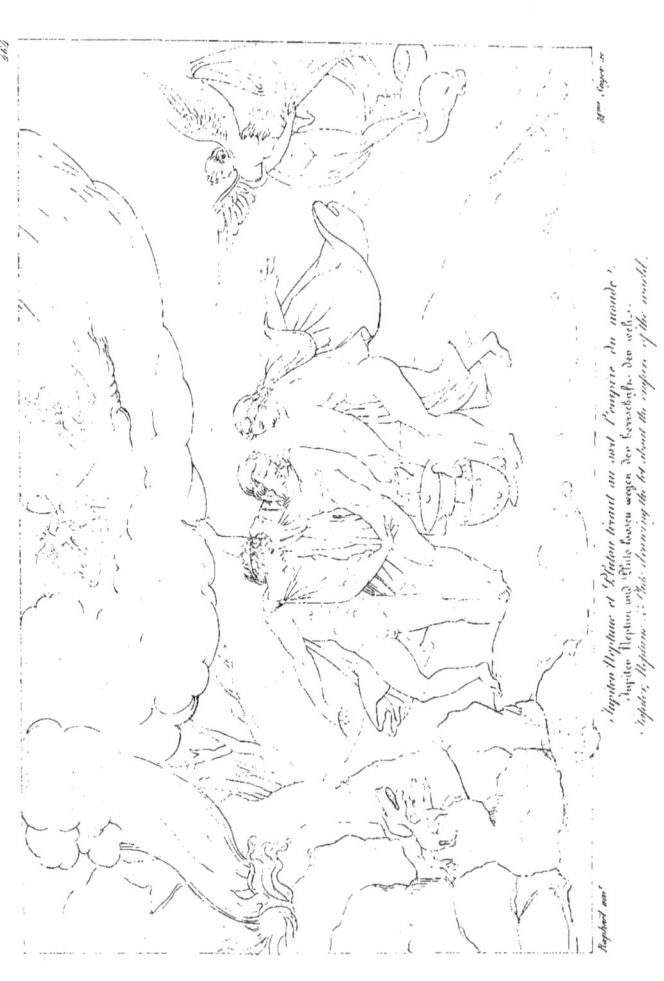

Jupiter Neptune et Pluton traient au sort l'empire du monde.
Jupiter, Neptun, und Pluto losen wegen der herrschaft der welt.
Jupiter, Neptune, & Pluto drawing the lot about the empire of the world.

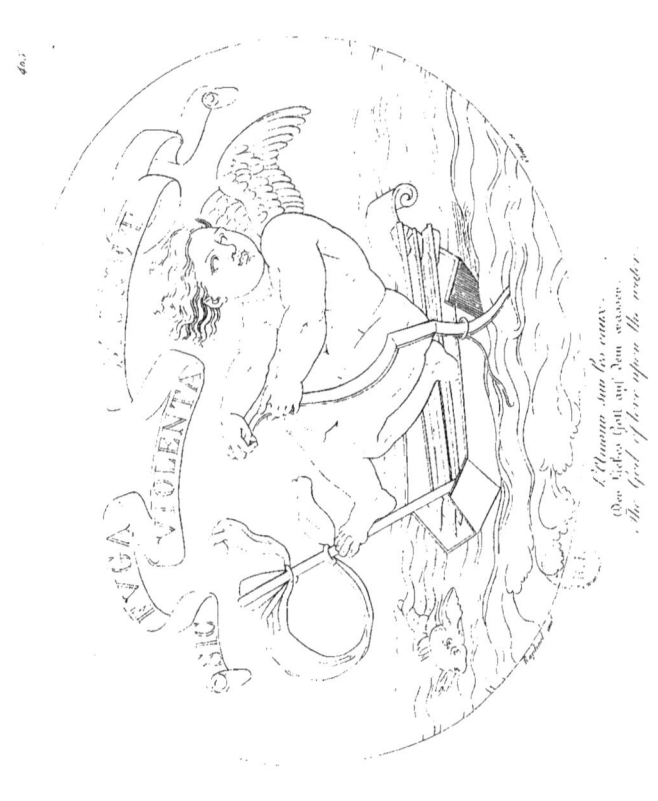

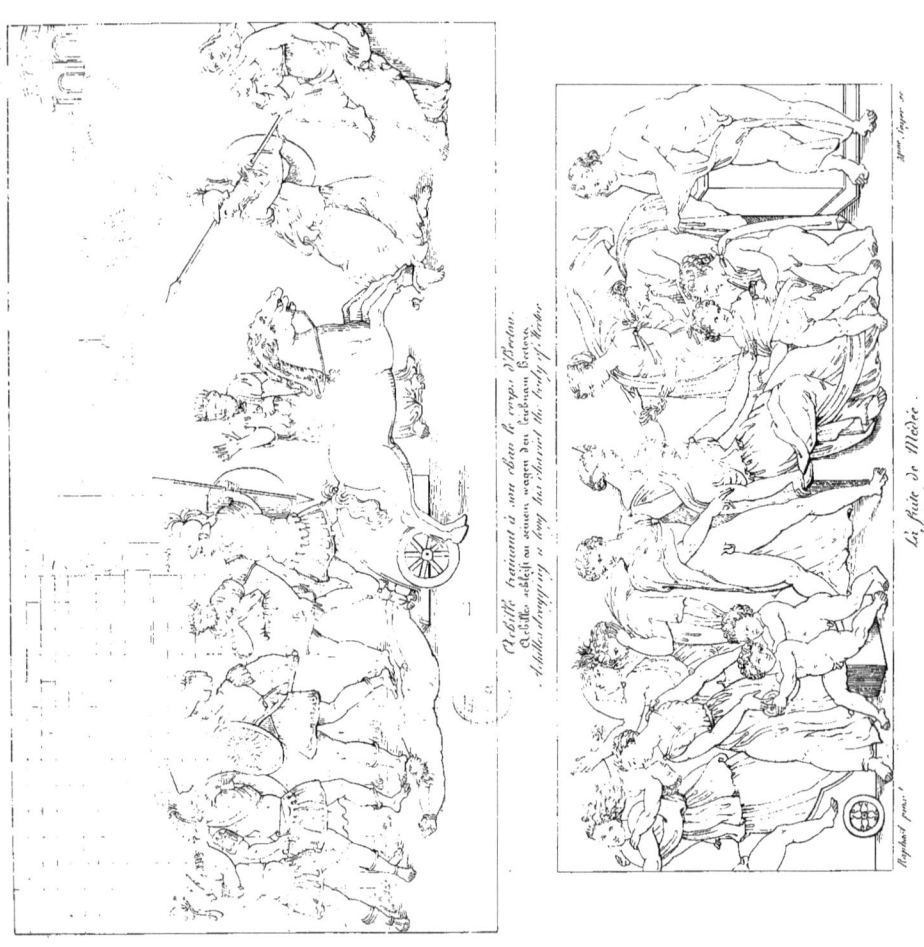

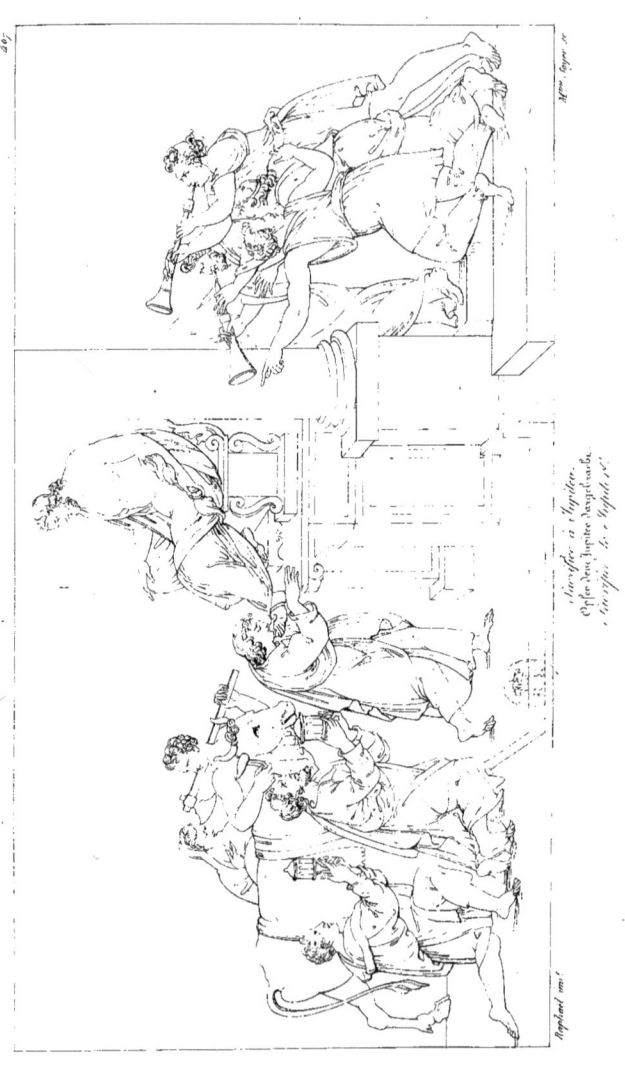

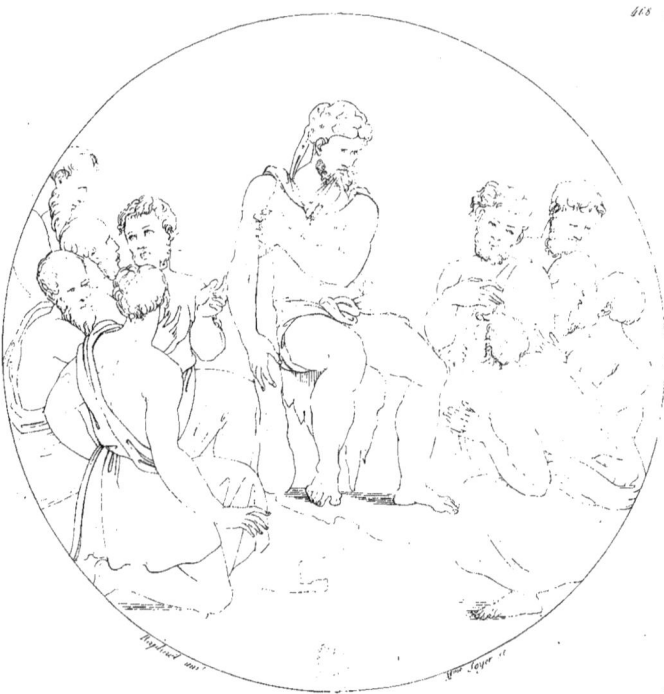

Hercule Gaulois.
Hercules der Gallier.
Hercules the Gaul.

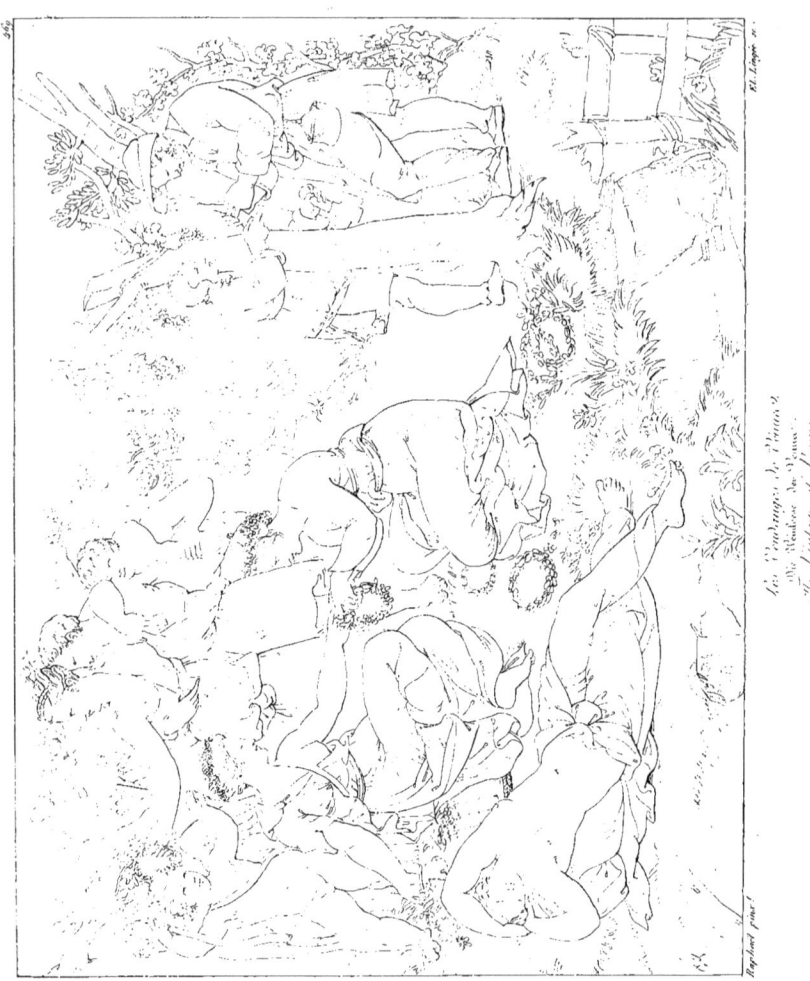

Les Vendanges de Vénus.
The Vintage of Venus.

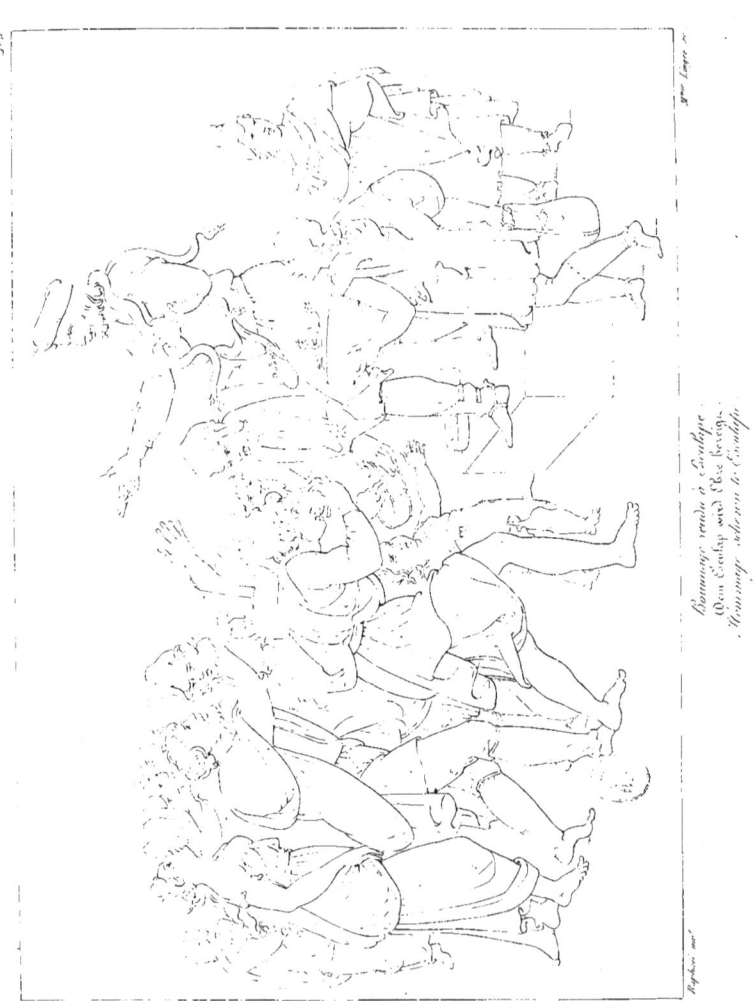

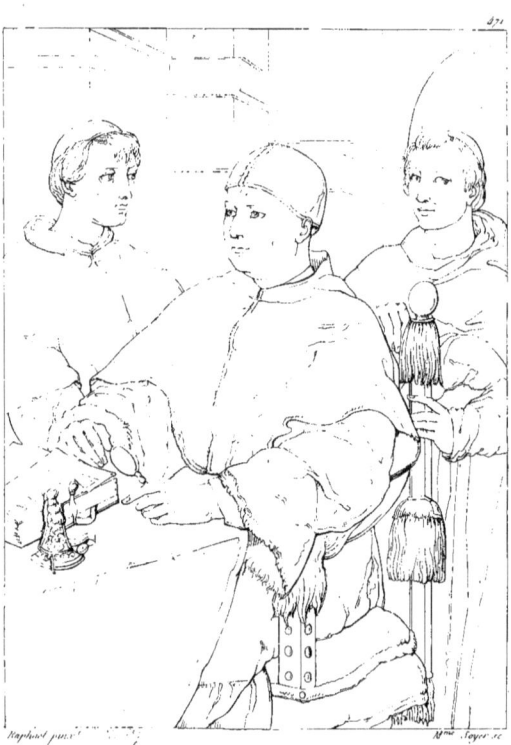

Portrait de Léon X.
Bildniss Leo des Zehnten.
Picture of Leo the X.th

La Calomnie.
Die Verläumdung.
The Calumny.

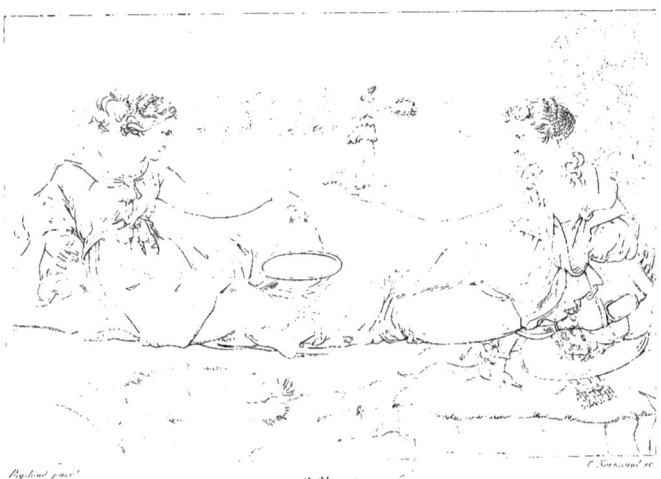

Allégorie.
Allegorie.
An Allegory.

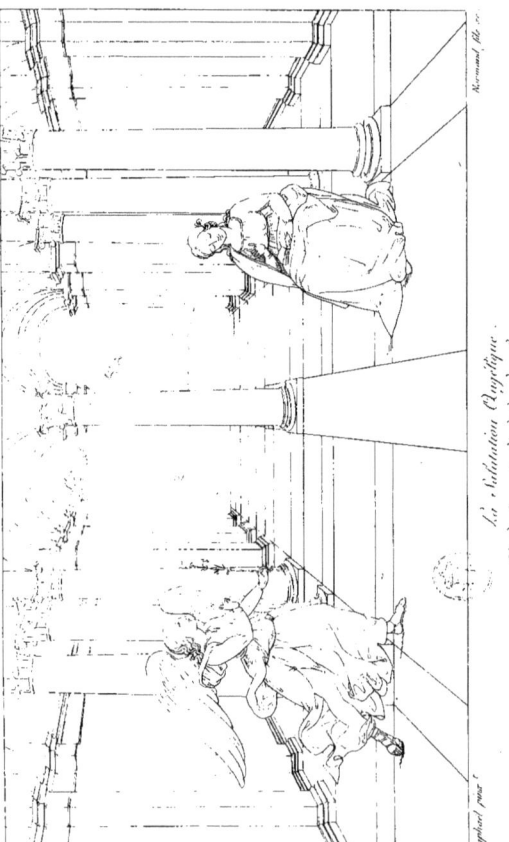

Raphael pinx.   Normand fils sc.

La Salutation Angélique.
(Die Begrüssung der himmlischen Heerschaaren.)
(The Angels Salutation.)

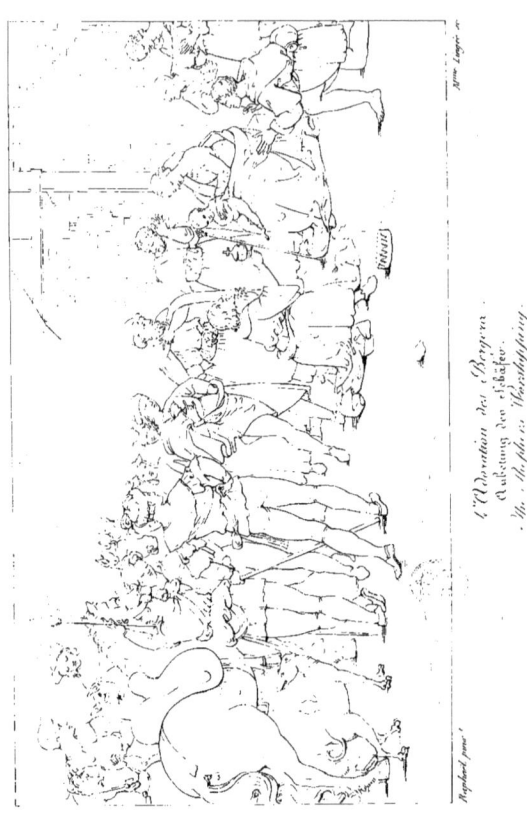

L'Adoration des Bergers.
Anbetung der Schäfer.
The Adoration of the Shepherds.

Raphael pinx.   M.me Langer sc.

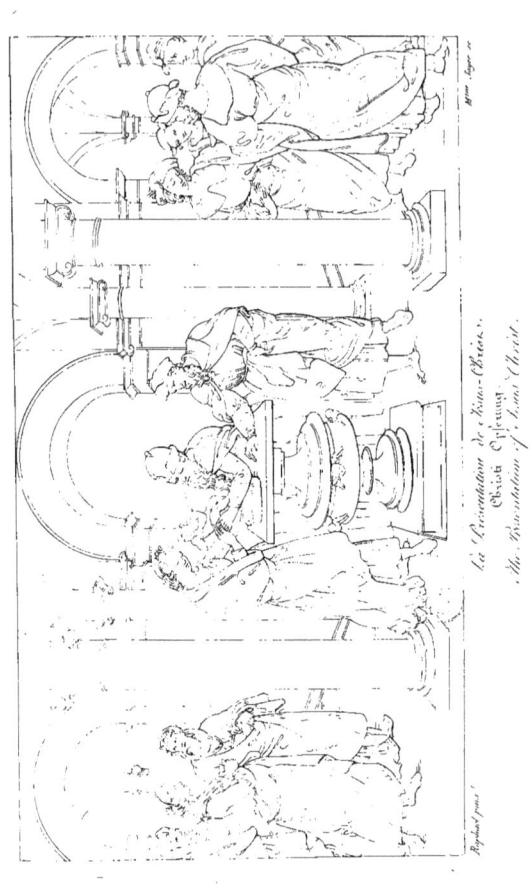

SUITE

DE

LA TABLE DES PLANCHES
DE L'OEUVRE DE RAPHAËL.

Pl. CCCL. L'Incendie du Bourg Saint-Pierre. Le sujet de ce tableau est l'incendie d'un quartier de Rome appelé *Borgo Vecchio*. Cet événement eut lieu du temps de S. Léon IV. Ce tableau, peint à fresque, décore la quatrième chambre du Vatican, et est entièrement de la main de Raphaël. Grav. *Acquila; Ph. Thomassin; Volpato;* autre graveur *Anonyme*.

Pl. CCCLI. Le Couronnement de Charlemagne, par Léon III. Ce tableau se trouve dans la même salle que le précédent. Raphaël y a représenté Léon III sous les traits de Léon X. Grav. *Acquila*.

Pl. CCCLII. Le pape Grégoire IX remet les Décrétales a un avocat consistorial. Ce tableau se voit dans la troisième salle du Vatican, à gauche d'une croisée, en face du tableau qui représente le Mont-Parnasse. Grav. *Idem*.

Pl. CCCLIII. L'empereur Justinien donne le Digeste a Tribonianus. Tableau placé dans la même salle que le précédent, à droite de la croisée. Grav. *Idem*.

Pl. CCCLIV. Première pensée de l'Ecole d'Athènes. Cette composition, gravée par un *Anonyme*, est généralement attribuée à Raphaël, et classée dans l'Œuvre de ce maître, déposé à la Bibliothèque Impériale. On regarde ce dessin comme la première pensée du fameux tableau de l'Ecole d'Athènes, avec lequel cependant il n'a d'autre rapport que la conformité apparente du sujet.

Pl. CCCLV. Première pensée du tableau de l'Ecole d'Athènes. Grav. *Anonyme*.

Pl. CCCLVI. Clélie a cheval, portant une de ses compagnes en croupe, et traversant le Tibre. Cette pièce, rangée comme les deux précédentes dans l'Œuvre de Raphaël qui se voit à la Bibliothèque Impériale, pourrait être également contestée. Heineken, dans son *Dictionnaire des Artistes*, l'attribue à *Rosso Rossi*. Huber, dans son *Manuel des Amateurs de l'Art*, a copié Heineken. Grav. *Bonasone*.

Pl. CCCLVII. Victoire de Scipion sur Syphax. Grav. *Béatricet*.

Pl. CCCLVIII. Triomphe de Scipion. Grav. *Idem*.

Pl. CCCLIX. Bataille navale, que l'on présume être la bataille d'Actium. Cléopâtre voyant la défaite d'Antoine, est effrayée et prend la fuite. L'invention de cette planche, dit Heineken, est attribuée par quelques-uns à Raphaël, et par d'autres, à J. Romain.

Cette pièce, dont la gravure est attribuée à *Béatricet*, fait partie de l'Œuvre de Raphaël à la Bibliothèque Impériale.

Pl. CCCLX. Dessin ou imitation d'un bas-relief représentant un empereur romain couronné par la Victoire sur le champ de bataille. On sait que Raphaël a fait plusieurs dessins plus ou moins fidèlement copiés d'après des bas-reliefs antiques, ou seulement imités, avec des changemens, et dont les originaux sont, pour la plupart, peu connus ou n'existent plus. Grav. *Anonyme*.

Pl. CCCLXI. Dessin d'un bas-relief représentant une bataille. Cette pièce est de la même nature que la précédente. Grav. *Et. de Lausne*.

Pl. CCCLXII. Charité romaine, ou Cimon nourri par sa fille. Morceau de frise, gravé par un *Anonyme*, en 1542, et dont Heineken attribue l'invention à Polydore, élève de Raphaël, et la gravure à *Bonasone*.

Pl. CCCLXIII. La Pêche. Grav. *Adam Ghisi*.

Pl. CCCLXIV. Les Filles de Niobé. Pièce capitale, attribuée par quelques-uns, et avec vraisemblance, à Perrin del Vaga, élève de Raphaël; mais qui se trouve rangée dans l'Œuvre de ce maître à la Bibliothèque Impériale. Grav. *Anonyme*.

Pl. CCCLXV. Vénus, l'Amour et les trois Graces. L'Amour est endormi dans les bras de Vénus. On voit dans le fond Jupiter monté sur un char, et laissant tomber sa foudre. Mercure paraît venir à son secours. Grav. *Béatricet*.

Pl. CCCLXVI. Les trois Graces. Grav. *Marc Ravignano*.

Pl. CCCLXVII. Apollon fait écorcher Marsyas. Grav. *N. Bocquet*.

Pl. CCCLXVIII. L'Enlèvement d'Europe. Grav. *Bonasone*.

Pl. CCCLXIX. Neptune se métamorphose en cheval pour tromper Philyre. Grav. *Idem*.

Pl. CCCLXX. Hercule et Thésée tuent les Centaures qui troublent les noces de Pirithous et d'Hyppodamie. Grav. *Vicus Eneas*, 1542.

Pl. CCCLXXI. Hercule chassant l'Avarice du Parnasse. Grav. *Bonasone*, selon Rossi; ou *Béatricet*, selon Heineken, qui en attribue la composition à Balthazar Peruzzi. Elle est rangée dans l'Œuvre de Raphaël à la Bibliothèque Impériale.

Pl. CCCLXXII. Hercule enlève les bœufs de Gérion. Grav. *Anonyme*.

Pl. CCCLXXIII. Hercule voulant étouffer Antée. Grav. *Aug*.

DE L'ŒUVRE DE RAPHAEL.

Vénitien, 1553. Composition attribuée par quelques-uns à Michel-Ange ou à Maître-Roux.

PL. CCCLXXIV. LE REPOS DE BACCHUS. Grav. *Anonyme*.

PL. CCCLXXV. MARCHE DE BACCHUS. La composition de cette pièce, gravée par *Bonasone*, est attribuée par Heineken à Perrino del Vaga, son élève. (Œuvre de Raphaël à la Bibliothèque Impériale.)

PL. CCCLXXVI. MARCHE DE BACCHUS ET DE SILÈNE. Grav. *Bonasone*.

PL. CCCLXXVII. MARCHE DE SILÈNE. Grav. *Anonyme*.

PL. CCCLXXVIII. DEUX FAUNES. Cette composition pourrait indiquer l'origine de la Comédie. Elle est généralement attribuée à Raphaël, et fait partie de son Œuvre, mais du nombre de celles qu'Heineken croit être de Jules Romain. Grav. *Marc-Antoine*.

PL. CCCLXXIX. SACRIFICE A BACCHUS. Grav. *P. S. Bastoli*.

PL. CCCLXXX. VÉNUS PORTÉE SUR LES EAUX. Grav. *Aug. Vénitien*.

PL. CCCLXXXI. LOTH ET SES FILLES. Grav. *Jean-Martin Preisler*.

PL. CCCLXXXII. LE SACRIFICE D'ABRAHAM. Peint à la voûte d'une des chambres du Vatican. Grav. *François Acquila*.

PL. CCCLXXXIII. DIEU APPARAÎT A MOYSE DANS LE BUISSON ARDENT. Dans la même chambre que le précédent. Grav. *Idem*.

PL. CCCLXXXIV. JOSEPH RECONNU PAR SES FRÈRES. Cette pièce, gravée en 1540 par un Italien *anonyme*, est très-rare.

PL. CCCLXXXV. LA PESTE. Grav. *Marc-Antoine*.

PL. CCCLXXXVI. L'ADORATION DES MAGES. Grav. *P. S. Bartoli*; de Cock, avec changemens; autre graveur *M. V.*, en Italie.

PL. CCCLXXXVII. LA MADELEINE AUX PIEDS DE N. S. Grav. *Marc-Antoine*.

PL. CCCLXXXVIII. LE CHRIST AU TOMBEAU. Grav. *Bonasone*.

PL. CCCLXXXIX. JÉSUS-CHRIST AUX LYMBES. Grav. *N. Béatricet*.

PL. CCCXC. LA VIERGE, L'ENFANT-JÉSUS, LE PETIT S. JEAN ET DEUX ANGES. Grav. *Aug. Vénitien*.

PL. CCCXCI. LA MORT DE S. JÉROME. Grav. *Lucas Ciamberlanus*.

PL. CCCXCII. S. MICHEL TERRASSANT LE DIABLE. Grav. *Marc Rovignano*.

PL. CCCXCIII. S. ROCH. Grav. *Béatricet*.

PL. CCCXCIV. EMBLÊME DE LA FÉCONDITÉ. Grav. *Aug. Vénitien*, 1516.
— EMBLÊME DE LA FORCE. Grav. *Marc-Antoine*; *Aug. Vénitien*.

PL. CCCXCV. SAINTE BARBE. Grav. *Béatricet*. — SAINTE MADELEINE. Grav. *Idem*.

TABLE DES PLANCHES

Pl. CCCXCVI. Sainte Barbe. Grav. *W. Vaillant*. — Sainte Cathe- Grav. *Hollar*.

Pl. CCCXCVII. Eve présente la pomme a Adam. Grav. *Bocquet*.

Pl. CCCXCVIII. Vénus ordonne a Psyché d'aller puiser de l'eau a la source des fleuves infernaux. Grav. *Aug. Vénitien*. Ce sujet est l'une des six pièces qui, selon le prélat Bottari, font partie de la suite de Psyché, gravée en trente-deux pièces et publiée par *Salamanca*. (*Voyez* tom. Ier de l'Œuvre de Raphaël, pl. LXXII et suivantes.)

Pl. CCCXCIX. Sacrifice a Priape. Grav. *Anonyme*.

Pl. CCCC. Combat de deux Gladiateurs. Grav. *Jean Béatricet*.

Pl. CCCCI. Neptune. Grav. *Anonyme*.

Pl. CCCCII. Le Mariage de la Vierge. Grav. *SW. F. Inconnu*.

Pl. CCCCIII. L'Homme tourmenté par les Songes, ou S. Paul battu par les Démons. C'est sous ce dernier titre que la pièce est plus généralement connue. Heineken assure qu'elle représente S. Ignace maltraité par les Diables pendant son sommeil, et en attribue la composition à Rubens, mais elle fait partie de l'Œuvre de Raphaël à la Bibliothèque Impériale. Grav. *Gérard Audran*. — Un Homme couché sous un arbre. Sans nom de graveur.

Pl. CCCCIV. L'Envie cherchant a diviser les Dieux. Grav. *Anon*.

Pl. CCCCV. Etude pour le tableau de l'Ecole d'Athènes. Ces différens épisodes ne se retrouvant pas dans le tableau qui a été exécuté des mains de Raphaël, ne doivent être considérés que comme des essais ou premières pensées. Grav. *M. Ravignano*.

Pl. CCCCVI. Le triomphe du vrai culte, et la chute des idoles. Première pensée d'un tableau qui n'est pas connu, et dont le sujet paraît être analogue aux Actes des Apôtres. Grav. *Battista Franco*.

Pl. CCCCVII. Le Phénix. Cette composition, est une des six qui, selon Bottari, font suite à l'histoire de Psyché. Grav. *Beatricet*.

Pl. CCCCVIII. Le Char d'Apollon. De la même suite. Grav. *Idem*.

Pl. CCCCIX. Combat de Gladiateurs contre des animaux. Grav. *Béatricet*.

Pl. CCCCX. Victoire de S. Léon IV sur les Sarrasins, au port d'Ostie. Tableau peint à fresque dans la quatrième salle du Vatican, vis-à-vis le tableau de *l'Incendie du Bourg*. Grav. *Acquila*.

Pl. CCCCXI. Une Chasse. Grav. *Marc-Antoine*.

DE L'ŒUVRE DE RAPHAEL.

PL. CCCCXII. LE PARNASSE. Ce même sujet, peint à fresque dans la troisième chambre du Vatican, et dont la forme est cintrée, offre des changemens considérables. Voyez la planche CCCIV de ce recueil. Grav. *Marc-Antoine; Aquila; Sébastien Vouillemont; Jacques Mathan.*

PL. CCCCXIII. L'ENLÈVEMENT D'HÉLÈNE. Grav. *Marc-Antoine; Marc Ravignano; Etienne Delausne.*

PL. CCCCXIV. LE MASSACRE DES INNOCENS. Ce morceau fait partie des tapisseries du Vatican. Grav. *Sébastien Vouillemont; Michel Corneille; Etienne Baudet; Nicolas de Vicence*, en clair-obscur.

PL. CCCCXV. LE MASSACRE DES INNOCENS. L'une des compositions les plus capitales de Raphaël. Gravée deux fois par *Marc-Antoine*. Cette estampe est regardée comme son chef-d'œuvre.

PL. CCCCXVI. LE MARTYRE DE SAINT-ETIENNE. Grav. de l'école de *Marc-Antoine*. Cette pièce pourrait être douteuse. Elle fait partie de l'œuvre de Raphaël à la Bibliothèque impériale.

PL. CCCCXVII. L'ANNONCIATION. Tableau du Musée Napoléon. Gr. *Augustin Vénitien.*

PL. CCCCXVIII. LA SAINTE-FAMILLE. Grav. *Anonyme.*

PL. CCCCXIX. L'ASCENSION. Gr. *Béatricet*, 1541; *André Procaccini; Marelli.*

PL. CCCCXX. LA SAINTE-FAMILLE. Désignée sous le nom de *la Vierge à la longue cuisse*. Grav. *Marc-Antoine; Marc Ravignano.*

PL. CCCCXXI. ALLÉGORIE. Gr. *Anonyme.*

PL. CCCCXII. ETUDE pour une Descente du Saint-Esprit. Grav. *Anonyme.*

PL. CCCCXXIII. LA DESCENTE DU SAINT-ESPRIT. Gr. *Marc-Antoine; Gérard Audran.*

PL. CCCCXXIV. LA SAINTE-FAMILLE. Grav. *Jules Bonasone; René Boivin; C. Hess*, 1804.

PL. CCCCXXV. LA SAINTE-FAMILLE. Le tableau est à l'Escurial. Grav. *Charles Simoneau.*

PL. CCCCXXVI. I. LA SAINTE-FAMILLE. L'Enfant Jésus est assis sur les genoux de sa mère. L'un et l'autre tiennent des fleurs. Grav. *Jean Morin; N. Boulanger; Jacques Couvay; François Poilly; Ridé*, en couleur. II. LA SAINTE-FAMILLE. La Vierge tient dans ses bras son fils, qui la caresse. Grav. *Antoine Morghen.*

PL. CCCCXXVII. LA SAINTE-FAMILLE. Grav. *Cavalleriis.*

PL. CCCCXXVIII. L'ANNONCIATION. Grav. *Anonyme.*

TABLE DES PLANCHES

Pl. CCCCXXIX. N. S. GUÉRISSANT UN BOÎTEUX. Grav. *Marc-Antoine; François Parmesan; Dominique Zenoi; Jean-Baptiste Franco; Jacques Ros.*

Pl. CCCCXXX. LES QUATRE ANIMAUX DE L'APOCALYPSE. Grav. *Anonyme.*

Pl. CCCCXXXI. LA VIERGE MARIE assise dans les nues avec l'Enfant Jésus. Au bas se voient les trois archanges Michel, Gabriel Raphaël. Grav. *Diana Ghisi Mantuana.*

Pl. CCCCXXXII. LA VIERGE AU TOMBEAU. Grav. *Anonyme.*

Pl. CCCCXXXIII. I. SAINTE VÉRONIQUE. Grav. *Marc-Antoine.* II. SAINT-PAUL. Grav. *J. B. de Cavalleriis.*

Pl. CCCCXXXIV. VISION D'EZÉCHIEL. Tableau du Musée Napoléon. Grav. *de Poilly.*

Pl. CCCCXXXV. LES CINQ SAINTS. Grav. *Marc-Antoine; Massard l'aîné.*

Pl. CCCCXXXVI. LA SAINTE-FAMILLE. Tableau de la galerie du Sénat. Grav. *François Villamène.*

Pl. CCCCXXXVII. L'ASSOMPTION DE LA VIERGE. Grav. *Anonyme.*

Pl. CCCCXXXVIII. LA VIERGE ET L'ENFANT JÉSUS. Grav. *Anonyme.*

Pl. CCCCXXXIX. S. JEAN L'EVANGÉLISTE. Tableau du Musée Napoléon. Grav. *Nicolas de Larmassin.*

Pl. CCCCXL. S. JÉROME. Grav. *Augustin Vénitien.* Cette pièce est connue sous le nom de *S. Jérôme au petit lion.*

Pl. CCCCXLI. LA SAINTE-FAMILLE. Grav. *Anonyme.*

Pl. CCCCXLII. LA SAINTE-FAMILLE. Grav. *Marc-Antoine.*

Pl. CCCCXLIII. LA VIERGE ET L'ENFANT JÉSUS ENVIRONNÉS D'UNE COUR CÉLESTE. Ils sont invoqués par S. Jérôme, S. Jean-Baptiste et S. François d'Assise, en faveur de Sigismond Conti, camérier et premier secrétaire du pape Jules II, donateur du tableau. Sur le devant, un ange tient une tablette destinée à contenir une inscription qui a pu être détruite lorsque sœur Anna Conti, mère de Sigismond, fit transporter ce tableau de l'église dite à Rome *Ara Cœli,* dans celle des religieuses de Sainte-Anne, dite *le Contesse à Foligno.* Ce tableau, dont les figures sont de grandeur naturelle, fait maintenant partie du Musée Napoléon. Grav. *Vincent Victoria; Auguste Desnoyers; Devilliers.*

Pl. CCCCXLIV. ALLÉGORIE. Grav. *Anonyme.*

Pl. CCCCXLV. ALLÉGORIE. Grav. *Nicolas Bocquet; Remi Vuibert.*

DE L'ŒUVRE DE RAPHAEL. 33

Pl. CCCCXLVI. Hercule et Antée. Grav. *Marc-Antoine*; *Augustin Vénitien.*
Pl. CCCCXLVII. Personnages allégoriques. Grav. *Anonyme.*
Pl. CCCCXLVIII. La Douceur, la Vérité, la Justice, la Paix. Grav. *Anonyme.*
Pl. CCCCXLIX. L'Innocence, la Prudence, la Modération, la Religion. Grav. *Anonyme.*
Pl. CCCCL. Figures symboliques. Grav. *Anonyme.*
Pl. CCCCLI. I. Amour jouant avec un dauphin. II. Jeux d'Enfans. Grav. *Anonyme.*
Pl. CCCCLII. I. Allégorie. Grav. *Marc Ravignano.* II. Allégorie. Grav. *Marc-Antoine.*
Pl. CCCCLIII. I. Femme portant un vase sur sa tête. Grav. *Augustin Vénitien*, 1528. II. Allégorie. Ce dessin a été gravé en clair-obscur. Grav. *inconnu.*
Pl. CCCCLIV. I. Composition allégorique. Grav. *Augustin Vénitien.* II. Autre allégorie. Grav. *Anonyme.*
Pl. CCCCLV. I. Une Sibylle. Grav. *Marc-Antoine; Nicolas Vicentinus; Hugues de Carpi*, en clair-obscur. II. Autre Sibylle. Grav. en clair-obscur, par un *Anonyme.*
Pl. CCCCLVI. Jeux d'Enfans. Grav. *Anonyme.*
Pl. CCCCLVII. Camille survenant au moment ou l'on pèse l'or pour le tribut imposé par les Gaulois. Quelques personnes attribuent cette composition à *Baccio Bandinelli.* Grav. *Augustin Vénitien.*
Pl. CCCCLVIII. La première et la seconde heures du jour. Ces deux sujets font partie de la suite des six heures du jour et des six heures de la nuit, peintes à fresque dans le palais du Vatican, à Rome. Cette suite a été gravée à Paris par plusieurs artistes dont nous indiquerons les noms; la première par *Fosseyeux*; la seconde par *L. Petit.*
Pl. CCCCLIX. La troisième et la quatrième heures. Grav. *L. Croutelle; Lavallée.*
Pl. CCCCLX. La cinquième et la septième heures. Grav. *L. F. Mariage.*
Pl. CCCCLXI. La sixième et la huitième heures. Grav. *L. F. Mariage; S. F. Ribaut.* La double transposition qu'on remarque dans cette planche et les sujets de la précédente provient d'une légère inadvertance du dessinateur.

34 TABLE DES PLANCHES DE L'ŒUVRE DE RAPHAEL.

P<small>L</small>. CCCCLXII. L<small>A NEUVIÈME ET LA DIXIÈME HEURES</small>. Grav. *F. Hubert.*

P<small>L</small>. CCCCLXIII. L<small>A ONZIÈME ET LA DOUZIÈME HEURES</small>. Grav. *L. Croutelle; N. Thomas.*

P<small>L</small>. CCCCLXIV. J<small>UPITER</small>, N<small>EPTUNE ET</small> P<small>LUTON TIRANT AU SORT L'EMPIRE DU MONDE</small> (1). Grav. *Anonyme.*

P<small>L</small>. CCCCLXV. J<small>EUX D'AMOURS ET DE NÉRÉIDES</small>. Grav. *Anonyme.*

P<small>L</small>. CCCCLXVI. I. A<small>CHILLE TRAÎNANT A SON CHAR LE CORPS D'HECTOR</small>. Attribué par quelques-uns au *Primatice.* Grav. *Jules Bonasone.* II. L<small>A</small> F<small>UITE DE</small> M<small>ÉDÉE</small>. Grav. *Anonyme.*

P<small>L</small>. CCCCLXVII. S<small>ACRIFICE A JUPITER</small>. Grav. *Georges Ghisi.*

P<small>L</small>. CCCCLXVIII. L'H<small>ERCULE GAULOIS OU LE POUVOIR DE L'ÉLOQUENCE</small>. Grav. *Ch.-Nic. Cochin* et *Vincent Lesueur,* au clair-obscur.

P<small>L</small>. CCCCLXIX. L<small>ES</small> V<small>ENDANGES DE</small> V<small>ÉNUS</small>. Grav. *Jules Bonasone.*

P<small>L</small>. CCCCLXX. H<small>OMMAGE RENDU A</small> E<small>SCULAPE</small>. Grav. *Caraglius.*

P<small>L</small>. CCCCLXXI. P<small>ORTRAIT DE</small> L<small>ÉON</small> X. Ayant à sa droite le cardinal Jules de Médicis et le cardinal Louis de Rossi. Tableau du Musée Napoléon. Grav. *Morel-Châtaignier.*

P. CCCCLXXII. I. L<small>A</small> C<small>ALOMNIE</small>. Dessin du Musée-Napoléon. Grav. *le comte de Caylus.* II. A<small>LLÉGORIE</small>.Grav. *Anonyme.*

P<small>L</small>. CCCCLXXIII. L<small>A</small> S<small>ALUTATION ANGÉLIQUE</small>. Ce tableau et les deux suivans font partie du Musée-Napoléon. Ils sont placés dans un même cadre, et ne sont séparés entre eux que par des arabesques peints sur le fond. Ils ornaient un autel dans l'église S.-François à Pérouze. Le tout avait été peint par Raphaël, dans sa jeunesse, pour madame Madeleine *degli Oddi. Inédit.*

P<small>L</small>. CCCCLXXIV. L'A<small>DORATION DES</small> R<small>OIS</small>.

P<small>L</small>. CCCCLXV et dernière. L<small>A</small> P<small>RÉSENTATION AU</small> T<small>EMPLE</small> (2).

(1) Cette pièce, attribuée par Heineckein à Jules-Romain, fait partie de l'œuvre de Raphaël à la Bibliothèque impériale.

(2) Si dans la suite il nous parvenait quelque composition authentique, soit gravée, soit inédite, nous la mettrions en réserve pour faire partie d'un tome supplémentaire, destiné, s'il y a lieu, au complément de l'œuvre des maîtres de première classe.

Fin de la Table des Planches de l'Œuvre de Raphaël.

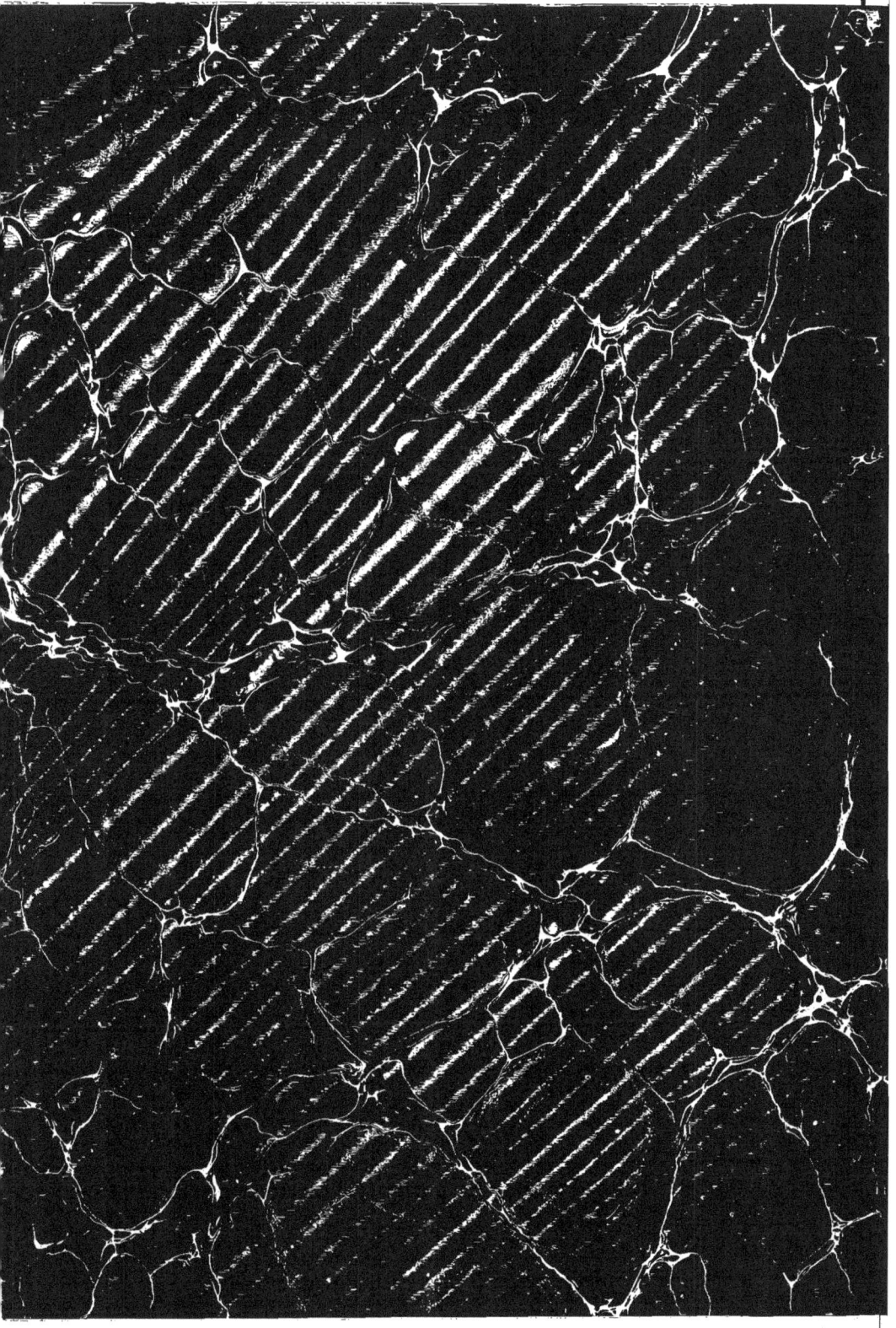

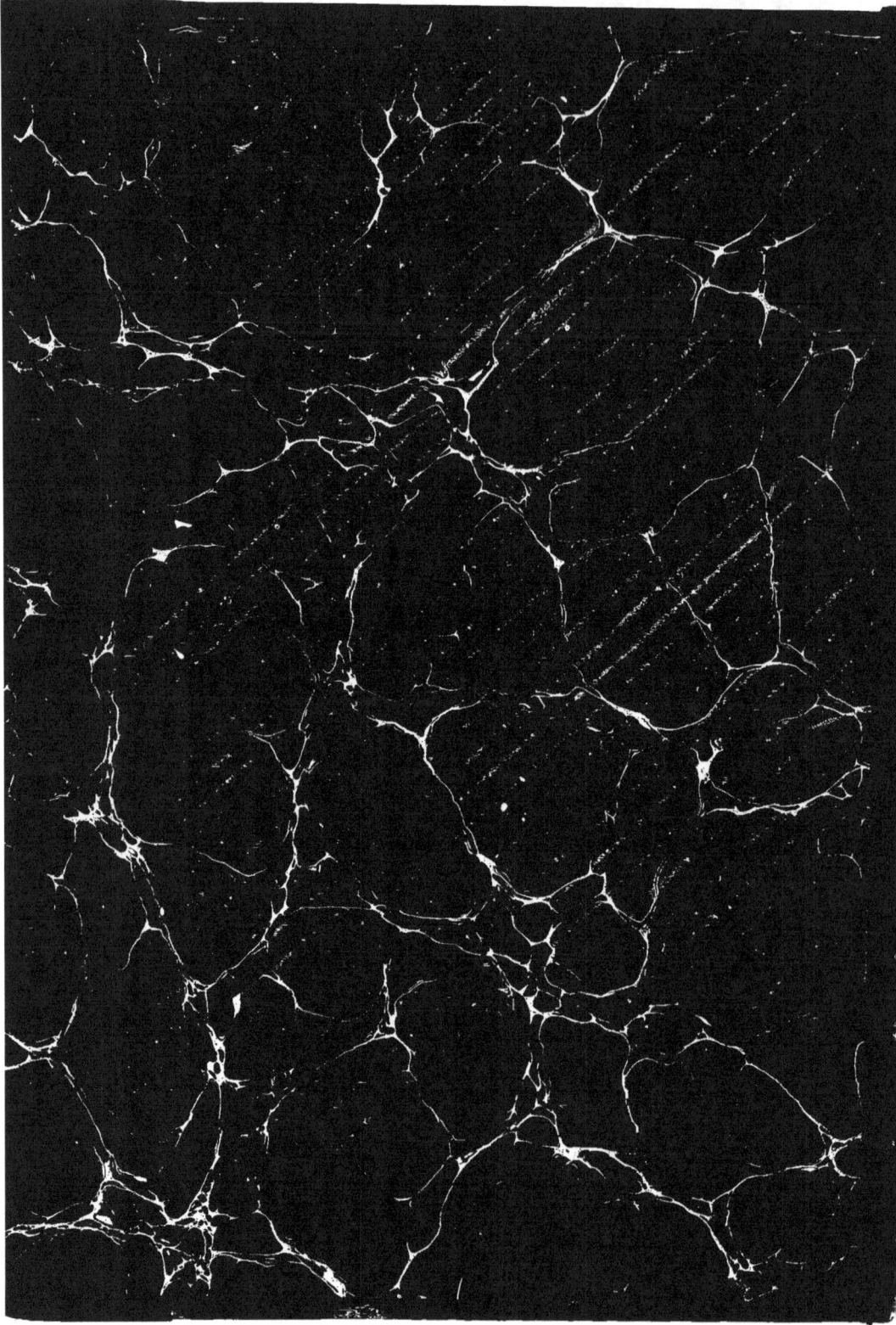

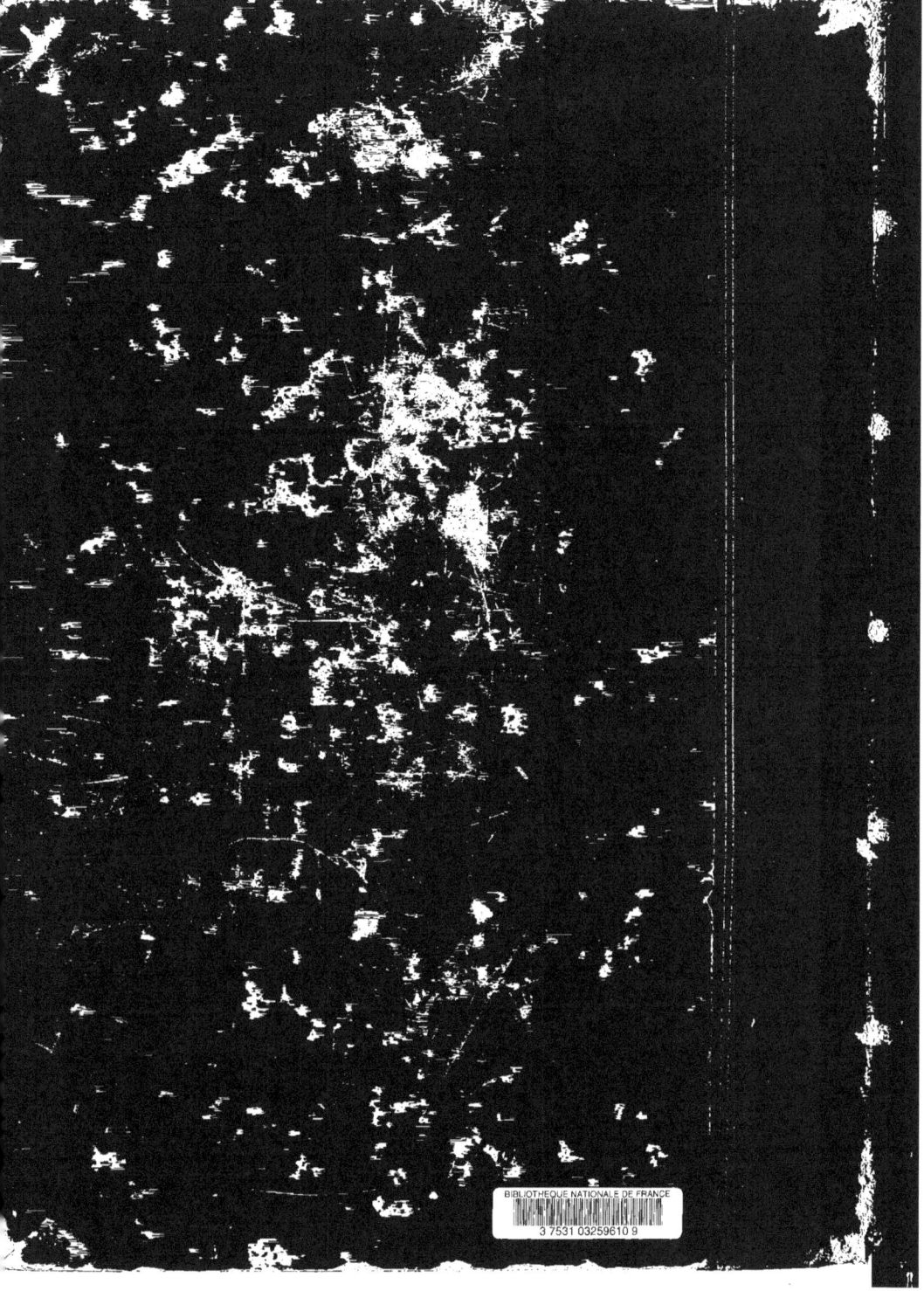

www.ingramcontent.com/pod-product-compliance
Lightning Source LLC
Chambersburg PA
CBHW050159230526
45470CB00001B/160